kailash

VEIT LINDAU

FUCKED UP

WIE DU AUS SCH… KOMPOST MACHST!

kailash

Sollte diese Publikation Links auf Webseiten Dritter enthalten, so übernehmen wir für deren Inhalte keine Haftung, da wir uns diese nicht zu eigen machen, sondern lediglich auf deren Stand zum Zeitpunkt der Erstveröffentlichung verweisen.

Verlagsgruppe Random House FSC® N001967

1. Auflage
Originalausgabe
© 2017 Kailash Verlag, München
in der Verlagsgruppe Random House GmbH,
Neumarkter Straße 28, 81673 München
Lektorat: Judith Mark
Umschlaggestaltung: ki 36 Editorial Design,
Daniela Hofner München
Satz: Satzwerk Huber, Germering
Druck und Bindung: GGP Media GmbH, Pößneck
Printed in Germany
ISBN 978-3-424-63155-5

www.kailash-verlag.de

»fucked up«
amerikanische Umgangssprache,
steht für …

… Scheiße gebaut,
… am Arsch,
… kaputt.

Für alle, denen es gerade scheiße geht.

Gewidmet der Dunkelheit,
die unser Licht gebiert.

INHALT

PROLOG

Ein Rat: Lies dieses Buch nicht, wenn es dir gerade ausgezeichnet geht, die Sonne scheint und dein Leben in die perfekte Richtung läuft. Surf die Welle und genieße es. Bade in dem wunderbaren Gefühl, vom Leben geliebt zu werden, alles verstanden zu haben und am richtigen Platz zu stehen. Wenn du nicht gerade ein professioneller Drama-Junkie bist, macht es keinen Sinn, grundlos in der Sch... zu wühlen.

Das Buch ist in jedem Fall eine gute Investition.

Stell es ins Regal. Vertraue darauf: Es wird dich finden, wenn du es brauchst. Ich habe es für den Moment geschrieben, ...

... in dem du festhängst,

... in dem du wieder einmal erschöpft vor einer deiner inneren und äußeren Mauern stehst,

... in dem du auf die Fresse fliegst,

... in dem sich der Boden öffnet,

... in dem du nicht weiterweißt und dich dafür hasst.

Man hat uns beigebracht, unseren Wert daran zu messen,

... dass wir die Kontrolle haben,

... tapfer funktionieren,

... Erfolge liefern,

... Rekorde brechen,

... Bescheid wissen,

... schön und schlank aussehen

und immer gut drauf sind.

Man hat uns erzählt, dass die Guten immer belohnt werden. Mit Erfolg, Geld, Gesundheit und natürlich einer romantischen Liebesbeziehung.

Das ist leider Bullshit.

Das Leben hält sich nicht an unsere kindlichen Vorstellungen von »fair« und »richtig«. Es verfügt über unendliche Kraft, aber auch Gewalt jenseits unserer moralischen Urteile. Es lässt uns Schicksalsschläge erfahren, die uns den Boden unter den Füßen wegziehen. Es zerschmettert ohne Vorwarnung unsere Träume. Es erinnert uns durch Schmerz und Krankheit an die Vergänglichkeit unseres Körpers.

Auch wenn wir es nicht wahrhaben wollen, wenn wir gerade auf unserem ganz persönlichen Sieger-treppchen stehen:

Wir sind verletzbar.
Wir wissen verdammt wenig.
Es geht nicht immer bergauf.
Und die besten Lektionen kommen nie, wie wir sie uns
wünschen.

Das Leben pflanzt seinen wertvollsten Samen gern in den schmutzigsten Dreck.
Diamanten entstehen unter hohem Druck.
Die Verzweiflung der Raupe ist die Vorfreude des Schmetterlings.
Mitten im Geburtskanal ist es dunkel, eng, schlei-mig und blutig.

Doch keine Angst. Dies ist kein Buch des Verza-gens. Es ist ein Manifest der Hoffnung. Denn auch auf die dunkelste Nacht folgt irgendwann die nächste Morgendämmerung.

Das Chaos von heute ist eine höhere Ordnung, die wir nur noch nicht verstehen.

Dies ist ein Buch für die Langsam-Lerner, die Dicken, die Dummen, die Verlassenen, die Gestrauchelten, die Versager, die Verrannten. Für alle, die sich gerade vom Leben gefickt fühlen. Für die stillen Helden, die zwar nicht so attraktiv wie Superman strahlen, sich aber genauso mutig und zäh mit den Widersachern in ihrem Leben auseinandersetzen. Ihre Feinde sind keine Schurken mit illustren Namen. Sie heißen Verlust, Konkurs, Scheidung, Burn-out, Speck, Krankheit, Sinnkrise oder schlicht Dussligkeit.

Vielleicht fragst du dich, für welche Schweregrade von Katastrophe dieses Buch gedacht ist. Ich halte nicht viel davon, Leid zu vergleichen. Was der eine von uns easy wegsteckt, bedeutet für die andere einen K.-o.-Schlag. Leid ist Leid. Ein kleiner Misthaufen, an der richtigen Stelle platziert, stinkt genauso wie ein großer.

Der perfekte Moment für dieses Buch ist gekommen, wenn du Scheiße gebaut hast und/oder so richtig am Arsch bist.
Vertrau deinem Instinkt. Wenn sich dieses Buch gut in deiner Hand anfühlt, ist es deins.

Bitte erwarte kein typisches Ratgeberbuch. Das Letzte, was wir brauchen, wenn wir down sind, ist ein neunmalkluger Ratschlag. Ich wünsche mir, dass es mir gelingt, dir so zu schreiben, als wäre ich dein bester Freund. Ich stelle mir vor, wie ich neben dir sitze und dir einfach nur mitfühlend zuhöre, während du alles rauslässt, was dich gerade belastet. Ich möchte dich nicht belehren oder coachen. Ich möchte dich nicht mit oberflächlichen Plattitüden trösten, denn damit würde ich dich letztlich nur schwächen.

Wir leben in einer Zeit des Selbstoptimierungswahns. Jeder Einzelne wird für sein Glück und seinen Erfolg streng verantwortlich gemacht. Zu scheitern ist dabei nicht vorgesehen. Unsere gesamte Gesellschaft trimmt uns darauf, Niederlagen zu vermeiden. Die Momente, in denen du dir wie der letzte Trottel vorkommst, weil du es einfach nicht kapierst. Wenn du glaubst, es wieder einmal oder vielleicht sogar für immer versaut zu haben.

Ich möchte dich zu etwas einladen, was dir vermutlich ziemlich verrückt vorkommen wird: Gib dich dem Scheitern hin.

Renn nicht mehr weiter. Bleib stehen.
Kämpfe nicht mehr. Gib dich hin.

Und dann staune über das, was passiert ...

MEIN GANZ PERSÖNLICHER MISTHAUFEN. ODER: WARUM ICH DIESES BUCH GESCHRIEBEN HABE

Wer mich schon eine Weile kennt, wundert sich nach der Lektüre der ersten Seiten wahrscheinlich ein bisschen. Ich lehre mit Passion seit 20 Jahren Themen wie Erfolg, Glück, Selbstliebe. Ich schreibe normalerweise Bücher – einige davon Bestseller –, die sich ermutigend mit der Entfaltung des menschlichen Potenzials beschäftigen. Wie komme ich dann dazu, mich hier so ausdrücklich den Misthaufen des Lebens zuzuwenden?

Dafür gibt es mindestens zwei gute Gründe.

Der erste: Ich habe festgestellt, dass es bei Menschen, die bestrebt sind, sich selbst und ihr Leben weiterzuentwickeln, etwas geben kann, das ich die *Sucht nach dem Licht* nennen möchte. Wer an dieser Sucht leidet, hat in der Regel viele Bücher zur Selbstverbesserung gelesen, vielleicht auch einige Seminare besucht. Paradoxerweise kann genau aus dem Bemühen, sich selbst zu optimieren, eine völlig verzerrte Erwartungshaltung an sich selbst und das Leben entstehen. Man strengt sich dann ungeheuer an, immer gut drauf zu sein – lieb, optimistisch, friedvoll. Dann, so denkt man, wird der Lohn des Universums nicht auf sich warten lassen. Man wird erleuchtet und lässt das primitive frühere Ego hinter sich. Angst, Unsicherheit, Zweifel, Neid gehören der Vergangenheit an ... aber nur, wenn man stets positiv denkt und auf keinen Fall Wörter wie etwa »Fuck!« oder »Sch...!« in den Mund nimmt. Nur ja nie dunkle Energien heraufbeschwören! Keine Schwäche zeigen! Immer lächeln!

Auch wenn ich darüber in meinen Vorträgen ab und zu einen Witz reiße, ist das nicht wirklich lustig. Wer die Schattenaspekte seines menschlichen Daseins dauerhaft ignoriert, kreiert unbewusst ein enormes Potenzial für Leid. Wenn die einfache Gleichung »Immer schön positiv denken, dann wird das schon« nicht aufgeht, wird man entweder mit sich selbst hart ins Gericht gehen, weil man die eigene übertriebene Erwartung nicht erfüllt, oder man wird dem Leben und der Welt die Schuld dafür geben, dass es nicht gut läuft.

Damit wir uns nicht missverstehen: Auch für mich sind *Erfolg*, *Liebe* oder *Freude* attraktive Werte. Doch ganz oben auf meiner Liste steht *Wahrheit*.

Wenn wir zu authentischen Menschen reifen wollen, müssen wir bereit sein, uns hin und wieder vom Licht ab- und dem zuzuwenden, was wir in den Schatten verbannt haben:

Dem Kleinen.
Dem Hässlichen.
Dem Nichtfunktionalen.

> Ein starker Mensch streckt sich
> nicht nur hoffnungsvoll der Sonne entgegen.
> Er gräbt seine Wurzeln auch tief ins
> dunkle Erdreich.

Wer die eigenen Schattenseiten ignoriert, pervertiert das Streben nach Glück zu einer tragikomischen Nummer der Selbstverarschung. Schlimmer noch: Er oder sie unterbricht damit den Fluss der Kreativität in sich selbst. Wir können aus dem Strom der Schöpfung nicht nur die angenehmen Häppchen rausfischen.

Du hast bis hierher weitergelesen? Gut! Dann gehe ich davon aus, dass du es wirklich wissen willst. Doch Vorsicht – das hat seinen Preis. Hin und wieder wird das Leben alles einer kritischen Überprüfung unterziehen. Und die kann extrem schmerzhaft sein.

Ich möchte dich mit diesem Buch einladen, mutig den Traum vom ewig netten Sein zu zerstören und das zu feiern. Ist doch eh gerade Schluss mit nett. Widme dich gemeinsam mit mir ausgiebig deinem ganz persönlichen Mist. Steig hinab in den Schlamm. Schmecke deine Tränen. Ertrage deine Ratlosigkeit nicht nur, sondern erkunde diesen bemerkenswerten Zustand deines Bewusstseins neugierig – wie ein Forscher, der neues Land betritt.

Der zweite Grund, dieses Buch zu schreiben, ist meine aktuelle persönliche Betroffenheit, also mein maßgeschneiderter Misthaufen.

Hinter mir liegen die schwersten sechs Monate meines Lebens. Woche um Woche habe ich um mein seelisches Überleben gekämpft. Jeder Tag ohne ein weiteres Desaster war ein Geschenk.

Ich hüte mich zu denken, es wäre komplett vorbei. Doch allmählich rieche ich wieder frische Luft. Den ganzen Mist zu verarbeiten, den ich bis hierher erfahren habe, wird wahrscheinlich Jahre dauern, doch ich kann den Wert dieser Langstrecke von Niederlagen bereits erahnen. Damit du besser nachempfinden kannst, aus welchem inneren Raum ich schreibe, hier ein kurzer Abriss des letzten halben Jahres.

Dazu musst du wissen: Ich hatte fünf Jahre lang einen Run! Alles lief bestens. Ich war gesund. Ich hatte eine wundervolle Frau an meiner Seite. Eine klare Vision, für die ich brannte und die sich rasend schnell manifestierte. Unser Unternehmen wuchs und gedieh. Ich hatte jede Menge spannende Projekte vor mir. Tolle, interessante Freunde. Ein aufregendes Leben. Erfolg und Freude pur. Ich war immer auf der Überholspur. So hätte es gern weitergehen können …

Manchmal erwischt uns die Scheiße direkt und ohne jede Vorwarnung. Das erlebte ich so, als ich vor sechs Jahren bei einem Fallschirmsprung eine Bruchlandung hinlegte und mir die Wirbelsäule brach.

Doch meistens steigt der Mist langsam und leise von unten an. Wir ignorieren ihn. Wir wollen ihn nicht sehen, geschweige denn riechen. So auch ich. Heute weiß ich: Es bahnte sich mit einer leisen Unlust beim Aufstehen an, einem steigenden Koffeinbedarf, um das Tempo zu halten, sich verdichtenden Spannungen im Team und einer unguten Vorahnung bezüglich unseres größten Investitionsprojekts – einer neuen technologischen Plattform für unsere Life Coaching Community, den **human**trust.

Rückblickend ist man natürlich immer schlauer.

Ich wollte nicht zweifeln.

Ich wollte nicht stehen bleiben.

Ich wollte mich nicht ausruhen.

Tja, und so schichtete sich der Mist klamm und heimlich zu einem ordentlichen Berg zusammen, und eines Morgens wachte ich auf, starrte erschrocken auf ihn und konnte ihn nicht mehr ignorieren.

Der Tag *davor* war bei mir der 12. Dezember 2016. Ich präsentierte damals vor 1000 begeisterten Workshopteilnehmer*innen stolz unsere Erfolge der letzten Jahre und unsere Vision für die Zukunft. Das Ganze wurde zusätzlich live auf Facebook übertragen. Als Höhepunkt eröffneten wir zeremoniell, gemeinsam mit unserem Programmierteam, die neue Plattform. Voller Euphorie durchschnitten wir das goldene Band. Danach wurde ordentlich gefeiert. Was für eine glorreiche Nacht! Müde und dankbar sank ich ins Bett und freute mich aufs Ausschlafen.

Denkste! Früh am Morgen schreckte mich ein SOS-Anruf auf. Die Plattform – seit sieben Stunden am Start – war down. Damit begann, was ich heute eine karmisch-nukleare Schatten-Kettenreaktion nenne. Alles, was ich aus Zeitmangel, Bequemlichkeit und Nichtwissen in den Schatten meines Bewusstseins verschoben hatte, nutzte seine Chance und drängte gesammelt ans Licht.

Eine Woche nach dem Startschuss für die Plattform wurde uns schonungslos deutlich, dass das hochbezahlte und auch fleißig arbeitende Team von Programmierern offenbar schlecht bzw. gar nicht gemanagt worden war. Die Plattform – von 12 000 Kunden ungeduldig erwartet – leistete nur 20 Prozent von dem, was uns versprochen worden war. Heute weiß ich, was es alles braucht, um auch nur eine einzige Idee aus meinem Kopf effizient und ästhetisch in ein digitales Projekt umzusetzen. Damals hatte ich einfach den Vergewisserungen der Fachleute vertraut.

Um dir das Ausmaß dieses Einschlags klarzumachen, stell dir bitte vor: Meine Frau Andrea, ich selbst und unsere engsten Mitstreiter hatten fast zwei Jahre lang 15 bis 16 Stunden täglich ohne Pause auf einen Höhepunkt hingearbeitet, der nun überraschend ausblieb. Die in all der Zeit unterdrückte seelische und körperliche Erschöpfung brach durch. Ich fiel in eine tiefe Sinnkrise. So etwas kannte ich bis dahin nur aus Berichten von Klienten. Ich wollte nicht mehr aufstehen, keine E-Mail beantworten, keine Buchseite schreiben, kein Seminar geben – mich am liebsten für immer verstecken. Anderen Menschen etwas über Erfolg und Glück zu erzählen kam mir wie der blanke Hohn vor. Keine optimalen Bedingungen für einen »Experten in integraler Selbstverwirklichung«, der drei- bis viermal in der Woche vor der Kamera zu Tausenden Menschen über diese Themen spricht.

Ich benötigte in der Regel eine Stunde, um überhaupt aus dem Bett zu kommen. Dann heulte oder wütete ich eine weitere Stunde lang. Für den Rest des Tages drückte ich alle Gefühle weg, um zu funktionieren. Verantwortlich für ca. 20 Mitarbeiter brauchte ich alle Kraft, um die Brandherde zu löschen, die in diesen Wochen fast stündlich in der Firma aufbrachen. Am Abend sank ich – heilfroh, überlebt zu haben – wieder ins Bett.

Unser gesamtes Team stand in dieser Zeit unter einem enormen Druck. Wir meisterten Krisen im

Stundentakt und kamen nicht zur Ruhe. An Urlaub oder freie Wochenenden war nicht zu denken. Ich bin jedem Einzelnen, der damals mit uns im Feuer stehen blieb, unendlich dankbar. In dieser monatelangen Krise reduzierte sich unser Team um die Hälfte. Im Nachhinein kann ich auch diejenigen verstehen, denen es zu viel wurde und die das Handtuch warfen. Doch damals, am Tiefpunkt, fühlte es sich wie brutaler Verrat an, verlassen zu werden.

Meine geliebte Frau war in den fast 25 Jahren unserer Beziehung immer ein Fels in der Brandung gewesen. Sie nun auch am Ende ihrer Kraft und bisweilen zutiefst verzweifelt zu sehen erschütterte mich noch mehr als meine eigene Krise. Ich hasse es, einen geliebten Menschen leiden zu sehen und nichts anderes sagen zu können als »Schatz, wir müssen da jetzt irgendwie durch!«. Wir wechselten uns in dieser dunklen Nacht ab. Wenn der eine gar nicht mehr konnte, riss sich der andere zusammen und hielt das Schiff auf Kurs. Unsere Tochter gab uns in dieser Zeit viel Trost und Unterstützung. Sie reifte zu unserer Schwester heran.

Kennst du Murphys Gesetz? Es besagt: »Alles, was schiefgehen kann, wird auch schiefgehen.«

Nun, ich weiß jetzt, was damit gemeint ist.

An den Tagen, an denen wir dachten, mehr kann in der Company nicht schiefgehen, sorgten Fehler in den Systemen unserer Partner dafür, dass uns nicht langweilig wurde. Nur ein Beispiel: Unser Bezahlanbieter, der die Finanzen für viele unserer Kunden regelte, fabrizierte einen Programmierfehler, der bei Hunderten zu falschen Abbuchungen führte. Einige der Betroffenen, zu Recht verunsichert, warfen uns daraufhin in den sozialen Medien Betrug vor.

Zu Silvester erreichte eine großangelegte Marketingkampagne ihren Höhepunkt, die – anders als das IT-Projekt – von Erfolg gekrönt war. Dieser wurde unser nächstes Problem. Denn von einem Tag auf den nächsten drängten Tausende neuer Interessenten neugierig und startbereit auf die neue Plattform, die überhaupt nicht fertig war. Die hauptverantwortlichen Manager der Programmierer verschwanden im Urlaub, und die, die dablieben, waren so fertig, dass sie kaum helfen konnten.

Das alles mag so klingen, als wäre ich ein Opfer gewesen. Ich schreibe es bewusst so, wie ich es damals empfunden habe. Natürlich habe ich später erkennen dürfen, wo, wann und wie ich exakt die Zutaten zu diesem Schlamassel beigesteuert habe. Doch dazu später. Damals habe ich mich einfach nur vom Leben gefickt gefühlt. Und hier schon mal der erste Tipp: Zu schnell vernünftig und weise sein wollen, ist ungesund.

Das Letzte, was bei mir versagt, ist normalerweise meine große Klappe. Doch in diesen Tagen wurde ich sehr, sehr still. Ich fühlte mich von den Ereignissen gejagt und auf genau die Erfahrung zugetrieben, die ich am allerwenigsten mag ...

... Ohnmacht.

Das Wort »Ehre« mag für manche altmodisch klingen, doch ich schätze diese Tugend sehr. Es ist für mich zum Beispiel eine Frage der Ehre, unseren Klienten eine Leistung zu präsentieren, die sie voll zufriedenstellt. Mein Anspruch ist es, in meine Bücher, Vorträge und Seminare zehnmal mehr Wert hineinzupacken, als die Menschen dafür investiert haben. Ich bin gern erfolgreich. Ich mag auch Geld. Doch meine Arbeit ist vor allem eine Herzensangelegenheit.

Am 9. Januar 2017 musste ich vor laufender Kamera den schlimmsten Offenbarungseid meines Lebens leisten. Ich sprach zu 12 000 Menschen, die unser Online-Angebot **human**trust nutzen wollten und nicht konnten. Es war verrückt. Alles war da. Die Inhalte. Die Kurse. Alles war vorbereitet. Doch die Plattform konnte nicht ausliefern. Ich fühlte mich von unseren Klienten durch eine unsichtbare und gerade deshalb umso mächtigere Wand getrennt.

An diesem Abend ging ich vor die Kamera und gestand mir selbst und den Zuschauern unsere Ohnmacht ein. Alles, was ich sagen konnte, war: »Wir können gerade nicht mehr leisten. Mehr ist einfach nicht drin. Wenn ihr euch jetzt enttäuscht abwendet, kann ich das gut verstehen.« Das war der Wendepunkt. Vor 12 000 Zeugen kam ich voll in meiner Krise an.

In einem Märchenbuch oder einem Hollywoodfilm wäre dies der Moment, an dem sich alles wundersam zum Guten wendet. Für mich war es – rückblickend – der Tag, an dem ich in Würde begann, die Scheiße tatsächlich als *meine* Scheiße anzunehmen und langsam in Kompost zu verwandeln. Es dauerte noch viele Wochen, bis ich wieder lachen konnte. Ich bohrte mich durch Schichten von Wut, Trauer und Schmerz. Auch heute schlagen noch ab und zu die Wellen über mir zusammen. Dreimal machte ich den Fehler, meiner Frau am Ende des Tages ins Ohr zu flüstern: »Ich glaube, es ist vorbei«, um am nächsten Morgen eine weitere höhnisch grinsende Herausforderung serviert zu bekommen. Immer noch ist jeder Tag, der ohne nennenswerte unangenehme Überraschung verläuft, wie ein Geschenk für mich.

Mittlerweile kann ich aufrichtig Danke für diesen Geburtsprozess sagen und auch empfinden. Die Plattform funktioniert nun reibungslos und macht die Mitglieder von Tag zu Tag glücklicher. Ich fühle mich gereift und mehr denn je mit *dem* verbunden, was wirklich wesentlich ist. Wir haben in dieser Zeit ca. 4000 Kunden und 1 500 000 Euro sowie gefühlt anderthalb Jahre unseres Lebens verloren. Ich durfte die ganze Bandbreite an dunklen Emotionen durchleben.

»Ich weiß es nicht« waren meine meistgebrauchten Worte – in meinem Geist, aber auch als Antwort auf die Fragen meiner Mitarbeiter und Kunden. Alles, was ich bis dahin in Büchern und Seminaren von mir gegeben hatte, wurde auf den Prüfstand gestellt:

Was funktioniert auch in der Krise?
Was von dem, was du lehrst, lebst du selbst?
Liebst du dich auch, wenn du zu Boden gehst?
Kannst du dir selbst deine Fehler vergeben?

Ich fühle mich auf eine gute Weise um Jahre gealtert und gleichzeitig in der Seele geläutert. Tief in mir habe ich nie aufgehört, daran zu glauben, dass dies alles ein Geschenk ist – genauso wie davor die sonnigen Zeiten. Aber erst heute kann ich diesen Wert auch fühlen. Deshalb ist dies der beste Moment, um dir zu schreiben. Ich bin noch tief genug drin, um zu wissen, wie die Scheiße riecht, und schon wieder so weit draußen, um dir Hoffnung zu senden. Ich möchte dir mit diesem Buch leise und bestimmt zurufen:

Bitte halte durch. Alles ist
(auf eine unerklärliche Weise) gut, auch
wenn du gerade kein Land siehst!

Egal, wie dickköpfig oder zaghaft wir uns manchmal anstellen, in jedem von uns schlummert eine uralte, instinktive Weisheit. Sie befähigt uns, den Mist, in den wir geraten, nicht nur zu überleben, sondern in fruchtbaren Kompost zu verwandeln.

Ich habe im letzten halben Jahr auch sehr viel anhand der Reaktionen meiner Mitmenschen gelernt. Ich habe erfahren, wie sehr Häme, Abwendung oder pauschale Verurteilung verletzen und ach so kluge Ratschläge frustrieren können. Mir wurden kostbare Lektionen über wahre und falsche Freundschaft präsentiert.

All den Kunden, Mitarbeitern und Freunden, die uns in dieser Zeit die Treue hielten, Trost spendeten, uns Durchhalte-Pakete sendeten oder uns einfach nur zuhörten und gute Fragen stellten, bin ich unendlich dankbar.

Ich schreibe dieses Buch für alle, denen es gerade ähnlich geht. Auch wenn du und ich uns sehr wahrscheinlich nicht persönlich kennen – ich wäre gern so ein Freund für dich. Ich möchte dich nicht belehren, sondern ermutigen.

Ich möchte mit dir teilen, was mir Kraft gegeben hat und auch dir eventuell helfen kann. ...

Um nicht durchzudrehen,
sondern stiller zu werden.
Um dich nicht auf-, sondern hinzugeben.
Um vieles zu verlieren, was du nicht mehr brauchst, doch
dafür an Würde und Vertrauen zu gewinnen.

Ich kenne nicht das Ausmaß deiner Krise. Egal, ob du im Dauerstress feststeckst, notorisch frustriert oder wieder einmal gescheitert bist oder einen schweren Schicksalsschlag erlitten hast – ich bin überzeugt, du wirst auf den kommenden Seiten etwas finden, was dir hilft. Denn auch wenn das vielleicht seltsam klingen mag – ich schreibe für dich. Bist du bereit?
Dann lass uns deinen Misthaufen neugierig erforschen.
Auf geht's!

DIE EINFACHSTE FORMEL
FÜR GLÜCK

Wenn du mitten in der Krise steckst, brauchst du keine hochkomplizierten Lösungsansätze, sondern eine elegante, minimalistische, universell anwendbare Formel, um wieder Boden unter den Füßen zu gewinnen. Die gibt es!

Ich wende die zahlreichen Konzepte und Methoden, die ich lehre, natürlich auch in meinem Alltag an. Doch wenn es wild und hart kommt, wenn ich nicht mehr weiß, wo oben und unten ist, hat sich ein Ansatz als besonders effektiv und unbestechlich herausgestellt: die Salutogenese.

Sie erforscht – im Gegensatz zur Pathogenese – nicht die Entstehung von Krankheit, sondern von Gesundheit. Ihr Begründer, Aaron Antonovsky, fand heraus, dass das Fundament der Gesundheit eines Menschen die Erfahrung von Kohärenz (Stimmigkeit) ist. Damit sich dieses Stimmigkeits-Gefühl einstellt, suchen wir bewusst oder unbewusst in jedem wachen Augenblick unseres Lebens eine gute Antwort auf die folgenden drei Fragen:

Was passiert gerade? (Verständnis)
Wofür passiert mir das? (Sinn)
Kann ich meine anstehenden Herausforderungen meistern? (Machbarkeit)

Immer, wenn wir auf eine dieser Fragen keine Antwort wissen, erzeugt das Stress. Wenn wir über einen längeren Zeitraum kein *Verständnis* für unsere Situation finden, keinen *Sinn* darin sehen und/oder nicht an eine machbare Lösung glauben, manifestieren sich emotionale Unruhe, Angst, Frust, Verzweiflung … und häufig auch körperliche Symptome.

In den typischen »Fucked up«-Situationen unseres Lebens sind uns meist die Antworten auf alle drei Fragen abhandengekommen. Und das ist … Scheiße!

Mittlerweile habe ich mir angewöhnt, es möglichst nicht so weit kommen zu lassen, und bei den ersten Stressanzeichen innezuhalten und zu untersuchen, welche der drei Fragen gerade unbeantwortet ist. Dann kümmere ich mich so schnell wie möglich darum. Auch bei meinen Klienten habe ich damit mitten im Desaster hervorragende Ergebnisse erzielt. Anstatt sofort einen Fünfjahresplan aus dem Ärmel zu zaubern, kannst du einfache, praktische, temporär wirksame Antworten auf die drei Fragen finden. Du kannst die Krise damit sehr wahrscheinlich nicht sofort vollständig wegzaubern, doch im Zustand der inneren Kohärenz arbeitet dein ganzes System wesentlich effektiver und kreativer.

TIPP

Bring so schnell wie möglich Ruhe ins System, indem du gute (für dich stimmige) Antworten auf die drei Fragen findest.

Was hilft dir, besser zu verstehen, was gerade passiert?
Welchen Sinn könntest du in dem ganzen Mist sehen, um ihn so besser anzunehmen?
Welche ersten Schritte in Richtung Lösung sind für dich jetzt machbar?

Manches, was dir Freunde und Experten in einer Krise raten, mag logisch klingen, geht dir persönlich jedoch vielleicht am Arsch vorbei oder ist nicht sofort anwendbar. Natürlich wirst du später, wenn du aus dem Schlamassel raus bist, alles noch einmal anders und tiefer verstehen. Doch was hilft dir *jetzt*?

Ich habe die kommenden Abschnitte des Buches nach dem Prinzip der Salutogenese aufgeteilt.

Der Abschnitt **Licht** bringt *Verständnis*. Ich werde darin einige mächtige Mythen unserer Leistungsgesellschaft enttarnen. Ein großer Teil von dem Stress, den wir erfahren, ist völlig unnötig und das Resultat einer kollektiven Gehirnwäsche. Ich werde weiterhin einige Perspektiven aus der Chaosforschung mit dir teilen. Wenn du weißt, in welcher universellen Phase des Wandels du dich gerade befindest, wirst du dein Drama nicht mehr ganz so persönlich nehmen.

Im Abschnitt **Kraft** werde ich dir Fragen stellen, die dir helfen, den *Sinn* deiner Krise zu erkennen. Das kann dir niemand abnehmen. Du weißt tief in dir drin am allerbesten, wofür der ganze Mist gut ist.

Im Abschnitt **Weg** erwartet dich eine praktische Anleitung für die Kompostierung. Das Ziel besteht darin, die Scheiße, die nun mal da ist, wenigstens in guten Kompost zu verwandeln.

Ich habe mich bewusst sehr kurz gefasst. Nicht alles, was ich sage, wird auf deine Situation zutreffen.

Schau, was dich anspricht. Probiere aus. Mach dir Notizen. Nimm das, was dich stärkt. Lass sein, was dich nicht berührt.

> Vertrau dir.
> Es ist *deine* Krise.
> Es ist *dein* Mist.

Willkommen in der »Fucked up«-Zone

Bevor du weiterliest, lade ich dich auf einen Abstecher auf die Webseite **www.fucked-up.zone** ein. Die Idee dazu kam mir neulich, als wir mit 1400 Menschen eine riesige, lebendige »Fucked up«-Party in München feierten. Es tat uns allen so gut, das, wogegen wir normalerweise kämpfen, öffentlich als Teil unseres Lebens anzuerkennen und sogar zu feiern.

Die Webseite lädt dich ein, dein persönliches »Fucked up«-Erlebnis mit uns allen zu teilen und öffentlich zu ehren. Gern auch anonym. Gleichzeitig findest du hier einige unterstützende geführte Meditationen. Außerdem werde ich unmittelbar nach der Veröffentlichung dieses Buches einen Online-Workshop über die Kunst der Kompostierung halten. Du bist dazu herzlich eingeladen. Auf www. fucked-up.zone findest du das Datum bzw. die Aufzeichnung.

DAS LICHT: VERSTEHEN, WAS GESCHIEHT

Die acht Widersacher

Es sind nicht so sehr die äußeren Widrigkeiten, die uns während einer Krise die meiste Kraft kosten. Es ist vielmehr die innere Auflehnung gegen das, was passiert. Stell dir vor, ein Baby bekäme mitten im Geburtskanal plötzlich Panik: »Was passiert hier mit mir? Das kann nicht gut sein!« Es würde sich festkrallen und gegen die Wehen kämpfen – ein enormer Energieaufwand, der das, was ohnehin geschehen muss, unnötig verkomplizieren würde.

Nun, glücklicherweise kooperiert bei den meisten Geburten das Baby instinktiv, überlässt sich dem Prozess und rutscht mit dem Kopf voraus aus dem Geburtskanal.

Nicht so unser Ego. Es denkt, urteilt, und vor allem, es fürchtet sich vor dem Unbekannten. In krisenhaften Situationen leistet es deshalb Widerstand. Dabei helfen ihm insgesamt acht innere Widersacherkräfte. Sie kommen häufig im Doppelpack daher und heißen *Stolz & Verleugnung, Widerstand & Anhaftung, Angst & Zweifel, Schuld & Scham.*

Sie mögen sich sehr verschieden anfühlen, doch sie dienen ein und demselben Zweck – das Überleben unseres Egos in seiner alten Form zu sichern.

Aber was ist das eigentlich, das Ego? Hier eine praktikabel-vereinfachte Definition: Es ist eine Ansammlung von Algorithmen aus Denk-, Fühl- und Verhaltensmustern, die sich unser Bewusstsein zugelegt hat, um gut durch die Welt zu kommen. Dafür verdient es unsere Wertschätzung. Nur leider hat sich dieses Programm bei den meisten Menschen verselbstständigt und glaubt, selbst der Oberchecker zu sein.

Fundamentale Krisen stellen unser Ego radikal in Frage. Dagegen wehrt es sich natürlich. Das tut es, indem es …

… *verleugnet*, dass es mit seinem Latein am Ende ist und stolz darauf beharrt, *Recht* zu haben.

… *gegen* die unangenehmen Symptome der Krise *kämpft* und an den guten alten Zeiten (die lange vergangen sind) *anhaftet*.

… sich vor anstehenden Veränderungen ängstigt und sich mit *Zweifeln* davon ablenkt, Herausforderungen anzugehen.

… sich von *Schuld* und *Scham* so sehr lähmen lässt, dass gar keine Veränderung mehr möglich scheint.

Mit der folgenden einfachen Selbsterforschungs-
übung kannst du deinen Widersacherkräften auf
die Spur kommen. Übrigens nicht nur in einer fet-
ten Krise, sondern auch im normalen Tagesge-
schäft. Denn irgendwo wollen immer Veränderungen stattfinden, gegen die sich unser Ego sträubt.

Übung

Schritt 1

Die folgenden acht Fragen zielen direkt auf die Widersacherkräfte. Geh sie nach und nach durch.
Stell dir in einer ruhigen Umgebung eine der folgenden Fragen 5 bis 10 Minuten lang immer wieder und lass die Antworten spontan aufsteigen.

Was verleugne ich?
Wo will ich immer noch Recht haben?
Wogegen kämpfe ich an?
Woran halte ich fest?
Wovor habe ich Angst?
Woran zweifle ich?
Wofür fühle ich mich schuldig?
Wofür schäme ich mich?

Wenn du willst, kannst du die Fragen gemeinsam mit einem Menschen deines Vertrauens durchgehen. Er (oder sie) stellt dir die Frage. Du antwortest spontan, während du Augenkontakt hältst. Dann stellt er die Frage sofort wieder. Nach 5 bis 10 Minuten Pause machen und die wichtigsten Erkenntnisse notieren.

Ebenso gut kannst du dich allein einer dieser Fragen widmen. Nimm dir dazu ein Blatt Papier und einen Stift. Stell dir die Frage mehrmals laut und notiere bzw. vervollständige deine Antwort.

Schritt 2

Vertiefe nun deine Erkenntnisse ca. fünf Minuten lang, indem du deine jeweilige Frage folgendermaßen ergänzt:

Was kostet es mich,
... dass ich ... verleugne?
... dass ich am Rechthaben festhalte?
... dass ich gegen ... ankämpfe?
Usw.

Schritt 3

Setze noch eine Frage obendrauf:

Wer wäre ich ohne dieses Verleugnen?
Ohne dieses Rechthaben-Wollen?
Usw.

Ich empfehle dir, pro Übungseinheit nur mit einem der acht Widersacher, also mit jeweils einer Frage zu arbeiten. Nach und nach kannst du so alle Widersacherkräfte durchgehen.

Vielleicht weißt du noch nicht so genau, was dir diese Übung bringen soll. Das wirst du deutlich erfahren, wenn du sie für dich persönlich ausprobiert hast. Die meisten Menschen fühlen sich danach erleichtert, mehr in Frieden. Denn sie verstehen auf einer tieferen Ebene, was gerade passiert und erkennen es an. Häufig lösen allein diese Erkenntnisse sanfte Lösungsprozesse aus.

Die sieben falschen Regeln

Stell dir vor, du sitzt vor einem Brettspiel, sagen wir, es heißt »Mensch ärgere dich nicht«. Seit Jahren versuchst du, es zu gewinnen. Du liest Bücher darüber, besuchst sogar Workshops, doch du kassierst eine Niederlage nach der anderen. Du fühlst dich frustriert wie der letzte Loser oder glaubst empört, alle hätten sich gegen dich verschworen. Doch eines Tages erfährst du unerwartet (vielleicht durch ein kleines schwarzes Buch ;-)), dass du die ganze Zeit nach einer falschen Anleitung gespielt hast. Eigentlich heißt das Spiel »Die Kunst des guten Lebens« und folgt ganz anderen Regeln. Du konntest es also bisher gar nicht gewinnen!

Auf vergleichbare Weise kreieren wir in unseren Krisen unnötig Gram für uns selbst und andere. Wir versuchen, Regeln zu erfüllen, die nicht die unseren sind, und dann auch noch die falschen. Warum ist das so?

Die Mehrheit der Menschen hat, wenn sie die Schule verlässt, eine massive Gehirnwäsche durch Erziehung zu Hause und Bildung in der Schule erfahren. Wir wurden quasi mit den Normen unserer Herkunftsfamilie und der Gesellschaft geimpft. Solange die effektiv und für uns passend sind, mag das

okay sein. Doch was, wenn dir einige völlig wider-
sinnige Lebensregeln eingepflanzt wurden, die nun
so tief in deinem Unterbewusstsein verankert sind,
dass du sie nicht bewusst in Frage stellst, aber immer wieder an ihren Folgen leiden musst?

Was, wenn nicht nur du allein, sondern viele Millionen weitere Menschen daran glauben? Dann
entsteht eine intersubjektive Gruppentrance, die
ihre Macht daraus zieht, dass sie immer und immer
wieder durch die anderen bestätigt wird.

Ich möchte dir in diesem Kapitel sieben falsche
Spielregeln vorstellen, die enormen Einfluss haben,
weil so viele Menschen unbewusst versuchen, ihr
Leben daran auszurichten. Diese Fehlkommandos
rauben uns bereits im normalen Alltag Freude und
Leichtigkeit, doch in einer »Fucked up«-Situation
wirken sie wie pures Gift für Geist und Seele.

Bitte studiere sie gründlich. Lass sie auf dich wirken. Welche davon berühren dich? Wo und wie
hast du ihnen Macht über dein Leben gegeben?

Die falsche Regel der Perfektion

*… behauptet, es gebe für alles ein perfektes Maß und
dein Wert als Mensch hänge davon ab, wie du dieses
Maß erfüllst.*

Die perfekte Antwort. *Die* perfekte Figur. *Die* perfekte Familie. *Die* perfekte Karriere. *Die* perfekte Lösung für dein Problem.

Bullshit! Perfektion ist ein gesellschaftsabhängiger Mythos. Nimm nur einmal das sich im Laufe der Zeiten ständig wandelnde Schönheitsideal und wie es viele von uns geißelt. Interessanterweise wenden wir die Messlatte der Perfektion nur bei uns Menschen an, nicht in der Natur. Niemand kritisiert eine Eiche im Wald für ihren großen Bauchumfang oder die Wolke am Himmel für ihre unregelmäßige Form. Perfektionszwang verdammt uns zu ewiger Unzufriedenheit. Denn nie wird etwas perfekt sein, es sei denn, es ist tot.

> Die Suche nach Perfektion trübt unseren Blick für die natürliche Vollkommenheit aller Dinge.

Fragen für dich:
Wie oft kannst du dich und dein Leben nicht genießen, weil du glaubst, noch nicht perfekt genug zu sein? Wer sagt das?

Wer sagt, dass der Mist in deinem Leben nicht ein genauso vollkommener Ausdruck des Lebens ist wie die Blume, die aus ihm wachsen wird?

Was wäre, wenn du ab heute deine »Fucked up«-Situation bitten würdest, dir ihre natürliche Vollkommenheit zu offenbaren?

Die falsche Regel des Wachstums

… behauptet, dein Weg müsse immer ins Licht, schnurgerade und vor allem stetig nach oben verlaufen.

Wachstum ist der Gott der Leistungsgesellschaft. Wir beten das Wachstum an. Wenn die Wirtschaft wächst, ist alles gut. Dann produzieren wir mehr. Dann konsumieren wir mehr. Dann sind wir alle glücklich. Auch wir selbst sollten uns stetig verbessern – fitter, klüger, erleuchteter werden.

Ist das so? Quatsch! In der Natur gibt es keine rechten Winkel, keine schnurgeraden Wege, kein ewiges Hinauf. Leben pulsiert. Es tanzt. Es gebiert, wächst, schrumpft und stirbt in einer rhythmischen Ordnung, die wir manchmal – wie die Jahreszeiten – offensichtlich erkennen und manchmal nur erahnen können.

Fragen für dich:

Wo und wann hast du Schwierigkeiten damit, die Abs deines Lebens, den Rückzug, die dunklen Täler willkommen zu heißen?

Wie wäre es, wenn du deine »Fucked up«-Situation als ein natürliches Zurückpendeln des Lebens, als die Nacht vor dem Tag, den Winter vor dem Frühling sehen könntest?

Die falsche Regel der Kontrolle

… tyrannisiert dich mit dem Anspruch, dein Leben immer unter Kontrolle haben zu müssen.

Der Witz an dieser Regel? Es ist so offensichtlich: Wir hatten nie die Kontrolle. Das glaubst du nicht?

Es fing schon mit deiner Zeugung an. Hast du dir Mutter und Vater ausgesucht? Wusstest du, welche Spermazelle gewinnt? Sieh dich mal aus der Weltraum-Perspektive: Bewusstsein, gekoppelt an ein kleines, verletzbares Fleischklöpschen, rast auf einem winzig kleinen blau-grünen Planeten mit etwas mehr als 100 000 Stundenkilometern um einen Stern, der in einigen Milliarden Jahren verglühen wird. Während du gerade gemütlich diese

Zeilen liest, sterben pro Sekunde 50 Millionen deiner Körperzellen. 50 Millionen werden neu geboren und gleich eingearbeitet. Hast du darüber die Kontrolle?

Kannst du wählen,

... deine schlechten Gewohnheiten sofort abzustellen?

... heute nicht zu atmen?

... wie lange du lebst?

... in wen du dich verliebst?

... wann deine Krise vorbei sein wird?

Kannst du wirklich kontrollieren, was am heutigen Tag in deinem Leben passieren wird? (Ich wünsche dir, dass heute mindestens ein Wunder geschieht!)

Also, mal ehrlich: Du hattest nie die volle Kontrolle und wirst sie auch nie haben. Von daher, entspann dich.

Fragen für dich:
Wo verdirbst du dir selbst und anderen den ganzen Spaß, weil du versuchst, die Welle zu kontrollieren, anstatt sie zu surfen?

Wie fühlt es sich an, wenn du dir innerlich die Erlaubnis gibst, die Kontrolle loszulassen (selbst wenn du vielleicht noch nicht weißt, was das bedeutet)?

Die falsche Regel des Bescheidwissens

... wurde uns in der Schule eingetrichtert und verwechselt intellektuelles Wissen mit Weisheit und mechanische Vorhersagen mit ursprünglicher Kreativität.

Nach dieser Regel solltest du immer wissen, wie du heißt, wo oben und unten ist, was zu tun ist, was möglich und unmöglich ist, wie es weitergeht und wie dein Leben in zehn Jahren aussehen wird.

Puh! Wie anstrengend! Aber mal ehrlich, was wissen wir denn wirklich? Bist du mutig genug, genauer hinzuschauen und zu erforschen, wie oft du auswendig gelernte Konzepte missbrauchst, um der direkten Begegnung mit der nackten, großen Wirklichkeit aus dem Weg zu gehen?

Alles, was du zu wissen glaubst, ist nicht *die* Wahrheit, sondern nur eine temporäre Orientierungshilfe. Unsere Vorfahren konnten sich noch wesentlich leichter der Illusion des Rechthabens hingeben. Ihr Wissenshorizont war viel kleiner und statischer. Wir leben im Zeitalter der Informationsexplosion.

Das Wissen der Menschheit verdoppelt sich alle zwei Jahre. Das bedeutet: Nichts ist mehr sicher. Die Weltsicht, für die wir heute streiten, werden wir morgen still und leise zu Grabe tragen. Gewöhne dich an die Sicherheit der Unsicherheit. Es ist nicht nur okay, sich selbst immer wieder einzugestehen: »Ich habe gerade keine Antwort auf mein Problem.« Es ist auch weise und kreativ.

Erst im Zustand des offenen Nichtwissens kann uns das Leben mit einer wirklich frischen Einsicht überraschen. Nur hier – im scheinbaren Nichts – bist du so leer, dass dich das Neue füllen kann.

Fragen für dich:
Was löst der Gedanke »Ich weiß es nicht und muss es gerade auch nicht wissen« in dir aus?
Wie wäre es, wenn du dich heute offiziell aus dem Druck entlässt, immer Bescheid wissen zu müssen?

Die falsche Regel des Fehlers

… besagt, dass es Fehler gibt und dass die schlecht sind. Die meisten Menschen reagieren auf einen sogenannten Fehler, indem sie ihn leugnen oder sich dafür schämen.

Jetzt begeben wir uns auf heikles Terrain, denn mein nächster Satz könnte leicht missverstanden werden:

> Es gibt keine Fehler.

War es ein Fehler, dass die Saurier ausstarben? Wären wir sonst hier?
War es ein Fehler, dass du, als du laufen lerntest, zuerst so oft hingefallen bist? Hast du dich damals dafür geschämt?
Wie viel deiner charakterlichen Tiefe ist im Feuer des Versagens gereift?

Um sachlich entscheiden zu können, was tatsächlich ein *Fehler*, also *falsch* ist, müsstest du das gesamte Spiel und all seine Konsequenzen überblicken. Kannst du das? Ich nicht.

Lass uns nochmal zum Beispiel einer Geburt zurückkommen: Wenn du mitten in einen Kreißsaal stolpern würdest und keine Ahnung hättest, was dort gerade passiert, es sähe aus wie eine einzige blutig-verschmierte Katastrophe. Die, das wissen wir beide, tatsächlich Part eines atemberaubenden Wunders ist.

Was wissen wir denn schon über die Geburtspro-
zesse des Universums oder einer menschlichen
Seele? Jedenfalls zu wenig, um uns an einem so
schambeladenen Konzept wie »Fehler« aufzureiben.
Falls du denkst, dies wäre eine Blankovollmacht
zum gedankenlosen Abschlaffen: Nein, das ist es
nicht. Es gibt zwar keine Fehler, aber immer eine
Möglichkeit, es beim nächsten Mal besser zu machen.

Fragen für dich:
Für welchen Fehler schämst du dich?
*Wie fühlt es sich an, wenn du diesen Fehler ab jetzt als
Geburtswehe eines Wunders bezeichnest?*
*Kannst du im Rückblick bereits den Wert in deinen größ-
ten Fehlern erkennen?*

Die falsche Regel der Schuld

*... fordert dich dazu auf, für alles, was in deinem
Leben passiert, die volle Verantwortung zu übernehmen. Wenn Scheiße passiert, hast du dich auch ordentlich schuldig zu fühlen.*

Als Trainer für Erfolg lehre ich natürlich auch das
Prinzip der 100-prozentigen Selbstverantwortung.

Doch das wird oft falsch verstanden. Du bist dafür verantwortlich, wie du interpretierst, was dir geschieht und welche Schlüsse du daraus ziehst. In einer Problemsituation vor allem nach deinem Anteil daran und deinen Möglichkeiten zur Veränderung zu forschen macht absolut Sinn.

Doch du bist nicht allein für das verantwortlich, was geschieht. Du selbst, so wie du gerade dieses Buch liest und dabei denkst und fühlst, bist das Produkt aller Wechselwirkungen des gesamten Universums. Hätte es den Urknall nie gegeben ... Hätte der Meteorit etwas später auf der Erde eingeschlagen ... Hätten deine Eltern dich abgetrieben ... Wären deine Gene besser ... Wärst du an deinem 18. Geburtstag von einem alten, weisen Mönch in ein Kloster im Himalaya gebracht worden ..., dann wäre die ganze Scheiße, wegen der du dieses Buch liest, nie passiert. Hast du's?

Auch das ist keine Aufforderung, dich wie ein hilfloses Opfer durch das Schlamassel treiben zu lassen. Natürlich ist es dein Job, deine beste Version ins Spiel einzuspeisen, also maximal selbstverantwortlich zu denken und zu handeln. Doch es macht überhaupt keinen Sinn, sich schuldig zu fühlen.

Wenn überhaupt, sind wir alle für deinen Mist verantwortlich. Sorry!

Fragen für dich:
Wo in deinem Leben ist es Zeit, eine falsche Schuld loszulassen, weil du nun verstehst, dass du immer dein Bestes gegeben hast?
Wie fühlt es sich an, wenn du dir vergibst?

Die falsche Regel der Positivität

… setzt dich subtil unter den Druck, ständig gut drauf zu sein. Positiv denken ist gut, Fluchen schlecht. Licht ist lieb, Dunkelheit böse.

Was für eine tragische Verwechslung von »hell« und »Licht«! Licht ist nicht an eine Lux-Zahl gebunden, sondern an Bewusstsein. Wenn du krampfhaft versuchst, positiv drauf zu sein, treibst du alles von dir als negativ Empfundene in den Schatten. Es verschwindet aber dadurch nicht. Es wird lediglich unbewusst und gewinnt so erst recht an Macht.

Geh bewusst in die Dunkelheit,
und sie wird hell.

Neid, Niedrigkeit, Angst, Wut ... sind nicht wirklich dunkel. Sie sind ungeliebte Schätze, die darauf warten, von dir entdeckt und gehoben zu werden. Ein bewusst ausgesprochener Fluch wirkt häufig wie ein erfrischender Regenschauer für unser Gehirn. Danach scheint die Sonne wieder viel klarer.

Fragen für dich:
Wo und wie kämpfst du noch dagegen an, dich dem zu stellen, was du im Augenblick »dunkel« nennst?
Wie fühlt es sich für dich an, wenn du dir vorstellst, ab jetzt alles in dir willkommen zu heißen?

Chaos – die geheime Ordnung

Als »Chaos« (von altgriechisch für »Wirrwarr«) bezeichnen wir, was sich unserer Vorstellung von Ordnung entzieht. Doch was, wenn auch die wilden Phasen, zum Beispiel unsere »Fucked up«-Situationen, in Wahrheit einer Ordnung folgen, die uns im Augenblick noch verborgen ist?

Mir selbst und vielen meiner Klienten hat das nun folgende Grundverständnis aus der Chaosforschung sehr geholfen, die turbulenten Situationen offener anzunehmen. Das Verständnis der Geburtsphasen eines neuen Systems ist überdies sehr hilfreich, um zu entscheiden, welche Hilfsmaßnahme aktuell angebracht ist.

Das ultrakompakte ABC der Chaosforschung:

1. Das, was wir Chaos nennen, folgt einer höheren Ordnung, die wir im Augenblick lediglich noch nicht verstehen.

2. Das, was wir Krise nennen, sind die Geburtswehen eines neuen Systems.

3. Wir können die in schmerzhaften Wellen auftretenden Geburtswehen nicht kontrollieren, aber wir können lernen, auf ihnen zu surfen. Oh doch, das geht auch mit einer Welle aus Schmerz.

Was ist ein System? Na, du beispielsweise. Du bist ein komplexes System. Komplex, weil du eben nicht nur *ein* Ding bist. Dein System besteht mindestens aus deinem Körper, deinen Denk- und Verhaltensgewohnheiten, deinen Emotionen und im erweiterten Sinn auch aus deinen privaten und beruflichen Beziehungen.

Was macht dein System? Es verarbeitet Leben und sucht die Balance. Tagtäglich strömen Millionen von inneren und äußeren Reizen auf dich ein. Licht, Töne, Wärme, Wünsche, Schmerzen, Fragen, Aufgaben ... Dein System verarbeitet all diese Einflüsse fleißig, tapfer und einigermaßen intelligent. Sein zentrales Ziel liegt dabei in der Bewahrung eines relativen Gleichgewichts. Dieses ist immer dann gegeben, wenn das System ungefähr so viel Energie abgibt, wie es aufnimmt. Die Abgabe von Energie erfolgt durch die Lösung von Problemen und die Erfüllung von Bedürfnissen.

Krisen entstehen, wenn das Gleichgewicht gestört ist. Wenn du für die anfallenden Probleme keine Lösung findest und wichtige Bedürfnisse nicht erfüllt werden, kommt es zum Stau. Dein System wird über seine Leistungsgrenze hinaus belastet. Dies ist der sogenannte *Bifurkationspunkt* – eine Weggabelung der Evolution. Entweder bricht das System hier auseinander und konsolidiert sich auf einer weniger komplexen Stufe, oder es wird auf einer höheren Entwicklungsebene wiedergeboren – mit einer erweiterten Weltsicht, einer vielfältigeren Persönlichkeit und neuen Lösungsansätzen. Die Regression nach »unten« ist dabei nicht als schlechtere Variante zu verstehen. Manchmal ist es einfach an der Zeit, eine Klasse zu wiederholen.

Lass mich den Bifurkationspunkt an zwei Beispielen praktisch verdeutlichen:

Nehmen wir an, du hast dich nach 20 Jahren Angestelltendasein selbstständig gemacht (komplexere Ebene), überforderst dich aber damit (Bifurkationspunkt).

Lösung A: Du gehst zurück in eine Anstellung und entspannst dich erst einmal.

Lösung B: Du lernst die neuen Anforderungen meistern und deine Selbstständigkeit genießen.

Das zweite Beispiel: Ein Paar (definitiv ein komplexes System ;-)) kommt, ausgelöst durch eine Affäre, in eine Krise.

Lösung A: Sie kämpfen sich da durch und die Beziehung geht stärker und lebendiger aus der Krise hervor.

Lösung B: Sie trennen sich (weniger komplexe Entwicklungsstufe), und jeder macht als Single noch einmal seine Hausaufgaben.

Jede »Fucked up«-Situation ist so ein Bifurkationspunkt. In existenziellen Krisen steht das gesamte System auf dem Spiel, in weniger existenziellen vielleicht nur ein Teilbereich – zum Beispiel deine

Überzeugungen in Bezug auf einen anderen Menschen oder deine Arbeit.

> Eine Krise ist nie das Ende,
> sondern immer der Anfang einer neuen Etappe.

Wenn du in einen Misthaufen hineinstolperst, stinkt es nur nach Scheiße. Wenn du verändert aus ihm herauskommst, siehst du ihn als Kompost.

Die Kunst liegt darin, mit den Kräften des Chaos zu kooperieren, anstatt sich ihnen zu widersetzen. Wenn es heftig wird, lass die alte Form deines Systems freiwillig los, sonst reißt das Leben sie dir gewaltsam aus der Hand. Wenn du dich als ein relativ starres, klar abgegrenztes Ich-System begreifst, fällt das natürlich schwer, denn dann wirst du die sich anbahnende Veränderung als existentielle Bedrohung wahrnehmen.

Für die folgenden Worte bitte ich dich, sanft durchzuatmen und dich zu entspannen. Dein Verstand kann diese Wahrheit nicht verarbeiten, aber du kannst dich an sie auf einer tieferen Ebene deines Seins erinnern:

Du bist keine kleine Persönlichkeitsbox, die auf den reißenden Wellen eines Wildwassers umhergetrieben wird. Die Box, das sind deine bisherigen Glaubens- und Verhaltenssysteme. *Du* bist der Fluss des Lebens selbst, der sich in die Box ergießt. Wenn es seiner Kraft in der Schachtel zu eng wird, schickt er dich manchmal in die Fucked-ups. Sie sind nicht deine Feinde, sondern gewissermaßen Stromschnellen, die dich auffordern, die alte, zu klein gewordene Hülle loszulassen, um in einem weiteren Kontext neu zu beginnen.

> Solange wir für den konstanten Fluss an lebendiger Energie offen sind, entwickeln wir uns im Kreislauf von Neuanfang – Stabilität – Chaos – Zusammenbruch – Neuanfang weiter.

Chaos folgt einer Ordnung, nur eben einer, die wir momentan noch nicht begreifen. Allem liegt ein verborgener Rhythmus zugrunde. Auch deinem Misthaufen. Lass uns im Folgenden einen genaueren Blick auf die einzelnen Phasen dieses Kreislaufs lenken. Das wird dir helfen, sie schneller zu identifizieren, sie bereitwilliger anzunehmen und sie optimalerweise sogar zu genießen. Frag dich beim Lesen, in welcher du dich wohl gerade befindest.

Die Phasen des Wandels im Überblick

Phase 1: Sonnenschein. Alles im Lot.

Kein Mist in Sicht. Alles fein säuberlich aufgeräumt. Das sind die Zeiten, in denen sich dein System im Gleichgewicht befindet und du (wieder einmal) denkst, alles verstanden zu haben. Für diese Phase gilt:

1. Genieße sie. Denn auch sie geht vorüber.
2. Auch wenn du gerade glaubst, unbesiegbar zu sein, sei so weise und stärke dein System auf einer täglichen Basis. Gutes Essen. Sport. Liebevolle Beziehungen. Futter für den Geist ...
3. Geh den anderen nicht mit einer »Ich habe es voll gecheckt!«-Attitüde auf die Nerven. Das kommt ansonsten wie ein karmischer Bumerang zu dir zurück, wenn deine Sonnenschein-Phase vorbei ist.

Phase 2: Gärung. Es fängt an zu riechen.

Das Problem an Phase 2: Niemand ist wirklich scharf auf sie. Wer – außer den Drama-Junkies dieser Welt – verspürt schon Lust auf die nächste Krise? Und sie wird auf jeden Fall kommen. Denn du bist eben kein starres, sondern ein lebendiges System. Du entwickelst dich weiter, und das bedeutet:

Genau die Lösung, die dir gestern aus dem Mist geholfen hat, bringt heute den nächsten Scheißhaufen zum Gären.

Das Gemeine an dieser Phase: Sie schleicht sich oft unauffällig an. Zweifel, Frustrationen, unbeantwortete Fragen, Widerstände von außen ... nichts Bestimmtes. Nur die Ahnung einer aufkommenden Enge. Weil du keinen Bock darauf hast, schiebst du sie beiseite. Du bleibst bei den alten, bekannten Lösungen und strengst dich noch mehr an. Wird schon irgendwie immer so weitergehen ... Denkste!

TIPP

Wenn du schlau bist, trainierst du dein Bewusstsein in der Fähigkeit der Achtsamkeit. Zum Beispiel durch Meditation oder tägliche selbstreflektierende Fragen. Dann riechst du die Scheiße wesentlich früher und kannst dich ihr widmen, bevor sie dir um die Ohren fliegt.

Ehrliche Gespräche mit wachen Freunden oder einem Coach können dich dabei sehr unterstützen. So schaffst du es vielleicht, dass die sich anbahnende Krise milder ausfällt oder sogar komplett abgewendet werden kann. Denk daran: Clevere Gärtner lassen nicht zu, dass ihnen der Humus ausgeht. Sie legen einen guten Komposthaufen an, bevor es dringend notwendig wird.

Leider sind die meisten von uns Verdrängungskünstler und kehren den Mist einfach unter den Teppich. Verschmäht vor sich hin gärend, wartet er auf den großen Tag seiner Befreiung. Und der wird kommen. Auweia!

Phase 3: Explosion. Die Scheiße fliegt dir um die Ohren.

Irgendwann explodiert der Mist – meist nach einem letzten Auslöser: Kündigung, Krankheit, Pfändung, Trennung. Bämm! Oft darfst du dich nun an einer regelrechten Kettenreaktion erfreuen. Mist, Mist, Mist, wo immer du hinschaust. Du kennst sicher den Spruch »Und es kam noch dicker ...«

Du fühlst dich jetzt vielleicht als Opfer, vom Schicksal verarscht. Doch später, wenn du durch all das hindurch bist, wirst du wie immer sehen: Es musste so kommen. All die kleinen, ungeliebten Misthaufen deines Lebens haben auf diesen Ausbruch gewartet. Wenn diese Phase 3 mächtige Ausmaße annimmt, erlebst du häufig einen irren Mix aus Trauer, Panik, Wut, Hoffnungslosigkeit und, paradoxerweise, in der Tiefe die Ahnung einer anstehenden Revolution.

In Phase 3 ist vor allem Überleben angesagt. Keine großen Sprünge. Stattdessen kleine Babyschritte. Keine Visionen. Erstmal Tag für Tag gut überleben. Sei so sanft wie möglich mit dir. Überleg dir: Was schenkt dir mit minimalem Aufwand maximale Sicherheit und Wärme?

Wer sind deine wirklich guten Freunde? Denn Ratschläge kannst du gerade gar nicht gebrauchen.

Meister der Kompostierung schaffen es, auch mitten im Sturm milde zu lächeln und zu denken: »Der Mist, der mir gerade um die Ohren fliegt, gehört zu mir. Ich freue mich schon jetzt darauf, demnächst daraus fruchtbare Beete für meine nächste Ernte zu machen. Doch heute atme ich einfach nur ein und aus und versuche, locker zu bleiben.«

Phase 4: Fehlstart. Der Schein trügt.
Auf Phase 3 folgt meist ein Moment der fröhlichen Aufbruchsstimmung. Die Sonne scheint wieder. Du hast alles verstanden. Auf, auf! Freudig erregt zu neuen Abenteuern ...

Vorsicht! Oft trügt der Schein. Nachdem die Krise mit voller Wucht über dich hereingebrochen ist, gibt es einen Moment trügerischer Stille. Alles wirkt so friedvoll. Doch tatsächlich kann es noch einmal ganz dicke kommen. Begegne deshalb der ersten euphorischen Siegesstimmung mit Vorsicht. Erfahrungsgemäß ist noch mehr karmischer Mist im Anflug. Erfreue dich an der aufkeimenden Zuversicht, doch lass deine Füße fest auf dem Boden.

Die nächste Phase 1: Die Neugeburt!
Irgendwann ist es tatsächlich geschafft. Eine echte Systemerneuerung fühlt sich im Vergleich zu Phase 4 geerdeter und demütiger an. Du bist zutiefst dankbar, denn du weißt, was hinter dir liegt. Es riecht nun nicht mehr nach Scheiße, sondern nach frisch-fruchtbarer schwarzer Erde, in die du den Samen für deinen Neuanfang setzen kannst.
Du genießt die Ruhe und lächelst dabei still. Denn du weißt, auch das wird irgendwann wieder gehen. Wie Buddha bereits feststellte: »Die einzige Sicherheit in diesem Universum ist der konstante Wandel.« Na, wenigstens darauf können wir uns also verlassen!

DIE KRAFT: WELCHEN SINN HAT DER GANZE MIST?

Die tiefste Kraft, um die Herausforderungen deines Lebens zu meistern, kommt nicht aus deinem Körper, sondern aus dem *Sinn*, den du in allem siehst.

Wärst du ein Wurm, würdest du dich einfach nur stoisch durch den Misthaufen graben. Doch du bist ein Mensch, exklusiv dazu bestimmt (oder verflucht, je nachdem, wie du es sehen willst), die Sinnfrage zu stellen.

Wofür ist der ganze Mist gut?
Warum soll ich mich dem stellen?
Kann ich darin einen tieferen Sinn erkennen?

Finden wir auf diese Fragen eine für uns stimmige Antwort, sind wir zu wahren Heldentaten und bewegender Hingabe fähig. Erkennen wir hingegen kein tieferes Warum, fühlen wir uns dem Schicksal hilflos ausgeliefert und verzagen viel schneller.

Nun fragst du dich vielleicht: Wie kommt man dem Sinn eines Misthaufens auf die Spur?

Zugegeben: Wenn wir mitten drinstecken, ist es immer Mist. Aber rückblickend möchte ich keinen Fehler, keine Niederlage, keinen Unfall missen. Sie alle brachten unbezahlbaren Nutzen mit sich. Sie haben mein Vertrauen in das Leben radikal getestet und vertieft. Deshalb ist für mich der tiefste Sinn all meiner Krisen, mich nach Hause zu führen. Zu mir selbst. Dafür liebe und achte ich sie.

Einen weiteren, etwas oberflächlicheren und doch wesentlichen Sinn sehe ich darin, dass meine Krisen mich immer wieder in meiner Aufgabe als Lehrer und Autor geprüft, gereinigt und gestärkt haben. So half mir schon wiederholt die Aussicht: »Irgendwann, wenn ich durch diese Scheiße hindurch bin, werde ich etwas Wichtiges gelernt haben und anderen Menschen als erfahrener Weggefährte in ähnlichen Situationen dienen können.« Doch das ist meine Erfahrung und mein Schluss. Wie ist es mit dir? Was könnte der tiefere Sinn deines Desasters sein? Und wie kannst du ihn finden?

Beten macht Sinn

Ich möchte dich bei der Suche nach dem Sinn deiner Krise zum *Gebet* einladen – unabhängig davon, ob du dich als gläubigen Menschen oder Atheisten begreifst. Zu beten ist für mich an keine Religion gebunden. Es bringt den Geist in eine demütige und empfangende Haltung. Ich gehe dabei vor der Unermesslichkeit des Universums innerlich – und oft auch wortwörtlich – auf die Knie. Ich bekenne, nicht alles zu wissen und Hilfe in Form einer meinen Geist sprengenden Inspiration zu brauchen. Woher diese Eingebung letztendlich kommt – aus dem Unterbewusstsein, der Intuition, dem kollektiven Gedankenfeld oder Gott –, wer weiß das schon, und ist das in dem Augenblick, in dem wir dringend Antwort brauchen, wirklich wichtig?

Ich beobachte manchmal Menschen, die über den Sinn des Lebens theoretisch-philosophisch diskutieren, zum Beispiel in Talkrunden. Ich weiß nicht, wie es dir damit geht. Für mich funktioniert das nicht. Der Sinn meiner Existenz ist keine logisch-mathematische Gleichung, die ich rational zusammenstellen und dann auch noch öffentlich belegen kann.

Der Sinn deines Lebens ist deine absolut individuelle und intime Antwort auf die existenziellen Fragen, die sich dir auf deiner persönlichen Heldenreise stellen.

Ich kann es nicht beweisen, doch ich bin überzeugt, dass jeder von uns sein Credo bereits in sich
trägt. Wir halten nur viel zu selten inne und haben
oft nicht den Mut, uns von ihm finden zu lassen.
Für mich ist Beten ein wunderschönes Tor zum
Sinn. Ich bleibe stehen. Ich erkenne an, dass ich
Hilfe brauche. Ich bitte um ein persönliches Date
mit dem Schicksal. Ich lasse mein Halbwissen hinter mir, mache mich leer und gehe auf Empfang.

Eines der bekanntesten Gebete ist Reinhold Nie-
buhrs »Gelassenheitsgebet«:

> *»Gib mir die Gelassenheit,*
> *Dinge hinzunehmen, die ich nicht ändern kann,*
> *den Mut, Dinge zu ändern, die ich ändern kann,*
> *und die Weisheit, das eine vom anderen*
> *zu unterscheiden.«*

Vielleicht kam deine Krise nur, um dich so weich-
zuklopfen, dass du endlich bereit bist, dein Haupt
demütig zu neigen. Vielleicht ist dir der ganze Mist,
in dem du jetzt steckst, nur passiert, damit du
dich endlich einmal mit dem radikalen Sinn deines
Lebens auseinandersetzt. Dazu gehört, das Unter-

scheidungsvermögen zu entwickeln, von dem Niebuhr spricht: Welche Dinge in deinem Leben kannst, willst du ändern, und wo ist es Zeit, dich hinzugeben?

Es gibt nicht *die* eine richtige Art zu beten. Probiere aus, was für dich passt. Ich persönlich gehe dafür gern an einen für mich besonderen Ort. Das kann eine kleine Kapelle ebenso wie eine Waldlichtung sein.

Lass dir Zeit, dort anzukommen. An wen möchtest du dein Gebet richten? An Gott, an das Leben, das Universum? Sprich leise ehrlich darüber, was dich bewegt und bitte mit einfachen Worten. Dann geh auf Empfang. Sei nicht ungeduldig. Vielleicht taucht die Antwort sofort auf. Mitunter wirst du aber auch einen Monat lang täglich darum bitten dürfen. Der wahre Sinn deiner Existenz ist nichts, was du schnell um die Ecke im Supermarkt kaufen kannst. Er offenbart sich nur in einer Atmosphäre von Respekt und Offenheit.

Ich nehme die folgenden Fragen gern mit in mein Gebet:

Wofür erfahre ich diese Situation?
Was daran ist ein Geschenk für mich?
Was darin ist meine persönliche, maßgeschneiderte Lektion?
Wie kann ich mich tiefer hingeben?
Was kann ich gewinnen, wenn ich mich diesem Prozess überlasse?
Was werden meine Liebsten davon haben, wenn ich diese Krise meistere?
Was werde ich der Welt schenken können, wenn ich diese Lektion voll annehme?
Was ist der nächste Schritt?
Was darf ich erkennen?
Was ist meine Aufgabe?
Wenn alles geht, was bleibt?

Bring diese Fragen in deinem Herzen zum Klingen.
Dann lass los.
Nimm alles, was danach geschieht – in dir und um dich herum – als persönliche Antwort des Lebens an dich.
Sei dir sicher, das Universum hört immer mit.

DER WEG: DIE KRISE VERWANDELN

Im herkömmlichen Sinn bedeutet Kompostierung, organisches Material mithilfe von Bakterien und Kleinlebewesen abzubauen. Als unangenehmer Nebeneffekt werden Gase freigesetzt, die stinken. Doch das wertvolle Endprodukt dieses Wandlungsprozesses, der Kompost, ist eine nährstoffreiche Grundlage für Blumen, Bäume und natürlich auch Gemüse. Die Kunst der Kompostierung ist bereits seit Tausenden von Jahren bekannt. Schon Homer beschrieb sie in der *Odyssee*. Aristoteles verfasste kluge Abhandlungen darüber. Und auch heute noch weiß jeder Bauer guten Dung zu schätzen. Warum also solltest du die Scheiße in deinem Leben nicht ebenfalls weise nutzen?

Alles, was du erfährst – übrigens nicht nur die schlechten, sondern auch die guten Erlebnisse –, ist dein organisches Grundmaterial. Du kannst es ignorieren (was auf Dauer jedoch nicht funktioniert; siehe dazu das Kapitel »Das Licht«), wütend darauf herumtrampeln, jammernd darin versinken, oder du verwandelst es in potenten Humus für eine bessere Zukunft.

Wie bei jedem Komposthaufen gilt es auch bei deinem persönlichen Mist auf die richtigen Bedingungen zu achten.

Deshalb folgt nun eine durch und durch praktisch gemeinte Unterweisung in der Kunst der Kompostierung.

Zunächst einmal solltest du dir einen Überblick verschaffen. Wie im Abschnitt »Chaos« (im Kapitel »Das Licht«) beschrieben, verläuft dein Prozess der Verwandlung in verschiedenen Phasen. Es ist von Vorteil, wenn du weißt, in welchem Stadium sich dein Mist befindet. Nicht jeder der folgenden Tipps wirkt in jeder Phase gleich gut. So macht es beispielsweise selten Sinn, mitten in der

TIPP

Lies dir noch einmal die Phasen des Wandels (S. 60ff.) aufmerksam durch und bestimme, in welcher Phase du dich gerade befindest. Lege dir – basierend auf den folgenden Inspirationen und deinen eigenen Erfahrungen – eine Reihe von Verhaltensmöglichkeiten für jede Phase zu.

Phase der Explosion detaillierte Analysen und Fünfjahrespläne zu erstellen. Hier heißt es erstmal: Kopf einziehen, tief durchatmen und überleben.

Bring als Nächstes *Bewusstsein* in den Mist. Wenn ein normaler Misthaufen unter Luftabschluss gerät, entstehen brennbare Gase wie beispielsweise Methan und Dämpfe, die zu einer gefährlichen Selbstentzündung führen können. Vergleichbares kann dir im Prozess der Verwandlung auch passieren. Nur heißen in diesem Fall die brennbaren Gase: Entzündungsprozesse im Körper, unterdrückte Gefühle, sich ansammelnde Schulden … Damit all das brennbare Zeug nicht explodiert, braucht ein herkömmlicher Misthaufen die permanente Zufuhr von Sauerstoff – in deinem Fall ist der Sauerstoff dein *Bewusstsein*.

Das mag banal klingen, doch die meisten Menschen ziehen ihr Bewusstsein reflexhaft von den unangenehmen Erfahrungen ihres Lebens ab. Sie verleugnen das Problem. Sie projizieren es auf andere. Sie lenken sich ab oder reden sich die Dinge schön. Das ist eine solch tragische Verschwendung! Denn deinem Bewusstsein wohnt eine schier unvorstellbare schöpferische, lösungsorientierte Intelligenz inne. Wenn es sich, geführt durch gute Fragen, mit den schwierigen Themen beschäftigen darf, beginnt es automatisch nach einer Lösung, einem Ausweg zu suchen. Doch wenn du es von deinen Herausforderungen abziehst und auf Nebenschauplätzen ablenkst, verwandeln sich deine drängenden Probleme in potenzielle Explosionsherde.

Bewusstsein ist Leben.
Bewusstsein ist Intelligenz.
Bewusstsein ist Kreativität.
Bewusstsein ist Lösung.

Wenn du dir lediglich den folgenden Satz merkst und zu Herzen nimmst, hat sich dieses Buch schon voll für dich gelohnt:

> Wenn du deinem Bewusstsein erlaubst,
> den Mist, in dem du gelandet bist,
> voll anzuerkennen, wird er sich aus sich
> heraus in fruchtbaren Kompost verwandeln.

Der Prozess der bewussten Anerkennung besteht aus sechs Phasen:

1. Abkotzen
2. Ohnmacht
3. Inventur
4. Inkubation
5. Korrektur
6. Neubeginn

Obwohl die Phasen häufig in der genannten Reihenfolge eintreten, solltest du sie nicht als eine starre lineare Abfolge betrachten. Manchmal kotzt du einmal kräftig ab, hast mittendrin eine Erleuchtung, stehst auf, klopfst dir den Staub ab und ziehst weiter. Dann musst du nicht erst noch stur die anderen Stationen durchlaufen. In gewaltigen Fucked-ups hingegen wirst du alle Phasen vielleicht mehrere Male durchlaufen, vielleicht sogar an einem Tag.

Bevor ich dir alle sechs Etappen erkläre, stelle ich dir noch zwei innere Grundhaltungen vor, die es dir deutlich leichter machen, deinen Mist in fruchtbaren Kompost zu verwandeln. Kleine Vorwarnung: Die zwei Perspektiven klingen vielleicht erstmal reichlich verrückt.

Einstellung 1: Dein bedingungsloses Ja.

Der angeborene Instinkt schreit in der Krise: »Nein! Ich will hier raus. Ich will das nicht.«

Doch was passiert, wenn du beim Schwimmen im Meer von einer Strömung erfasst wirst und dann panisch dagegen ankämpfst? Du verlierst viel Energie, verbrauchst wesentlich mehr Sauerstoff. Wenn du Pech hast, ertrinkst du, weil dir die Luft ausgeht. Deine Krise funktioniert in etwa wie so eine wilde Strömung. Sie wirkt immer bedrohlicher, je mehr du dagegen ankämpfst.

Viel besser ist es, dich weich zu machen und der Strömung zu überlassen. Zugegeben, das erfordert geistige Disziplin. Dabei hilft dir, wenn du mental von Anfang an »Ja!« sagst.

»Ja, das ist meine maßgeschneiderte Krise.«
»Ja, ich will das.«
»Ja, ich bin bereit für jede Lektion.«
»Ja, ich bin bereit, mich hinzugeben, alles zu fühlen, dazuzulernen, mich verändern zu lassen ...«

Zu Beginn wirst du dieses Ja wahrscheinlich nicht spüren. Wenn du aber beharrlich wählst, immer wieder Ja zu allen, auch den unangenehmen Erfahrungen zu sagen, geschieht etwas Erstaunliches: Die Krise wird zu deinem Übungsfeld. Die schwierigen, schmerzhaften Erfahrungen werden zu Lehrmeistern. Um im Vergleich der Kompostierung zu bleiben: Die Kraft, die Hitze des Misthaufens arbeiten nicht mehr *gegen* dich, sondern stehen dir *für* deine Transformation zur Verfügung. Dein gesamtes System – gerade noch zappelnd, widerstreitend, sich beklagend – folgt nun neugierig der Wahl deines Geistes.

TIPP

Geistig Ja zu unangenehmen Erfahrungen zu sagen bedeutet nicht, dich gehenzulassen und nicht mehr zu handeln. Tu alles, was du tun kannst, um die Situation zu verbessern. Aber eben nicht aus der Haltung des Widerstandes heraus, sondern in Kooperation mit dem Leben.

Wenn du es schaffst, dein geistiges Ja aufrechtzuerhalten, werden deine Gedanken deinem Geist folgen. Du wirst neugieriger, offener, konstruktiver über deinen Mist nachdenken. Nach einer Weile werden auch deine Emotionen auf den neuen Kurs einschwenken. Mitten in der größten Scheiße empfindest du plötzlich Zuversicht und kannst sogar über die ganze Misere lachen.

Übung

Für Fortgeschrittene BeJAher
Alle Hypnoseexperten dieser Welt werden dir bestätigen, dass jedes einzelne deiner Worte eine hypnotische Wirkung auf dich hat. Das heißt, wie du in jedem Augenblick denkst, hat einen maßgeblichen Einfluss darauf, wie du das Leben erfährst. Ein Symptom unserer Leistungsgesellschaft ist das »Muss«, das sich in viele Formulierungen eingeschlichen hat.
Lies die folgenden Sätze und spüre, welchen Geschmack sie in dir hinterlassen:

»Ich *muss* jetzt aufstehen.«
»Ich *muss* zur Arbeit.«
»Ich *muss* die Kinder noch abholen.«

Nun lies noch einmal und fühle den Unterschied:

»Ich *möchte* jetzt aufstehen.«
»Ich *kann* zur Arbeit.«
»Ich *darf* die Kinder noch abholen.«

Inmitten eines Fucked-ups nimmt bei unachtsamen Menschen das »muss« in der Sprache zu. Dies verstärkt die innere Anspannung und das Erleben, ein Opfer der Umstände zu sein.

Gib folgendem Experiment eine Chance: Setze jedes Mal, wenn du »muss« denken oder sagen willst, »will«, »darf«, »kann«, »möchte« ein.

»Ich *kann* diese Krise erfahren.«
»Ich *möchte* diese Krise erfahren.«
»Ich *wähle*, diese Krise zu erfahren.«
»Ich *darf* diese Krise erfahren.«

Am Anfang mag das verrückt klingen. Doch wenn du eine Weile dabeibleibst, ruft es den Schöpfer, die Schöpferin in dir auf den Plan. Du fühlst dich weniger als Opfer. Die Krise erscheint nicht mehr wie eine Arena, in der andere dich den Löwen zum

Fraß vorgeworfen haben. Sie verwandelt sich in *deine* Bühne, die du selbst betreten hast, um etwas Wertvolles zu lernen.

Am Anfang war das Wort.
Hol dir deine schöpferische Macht zurück.

Einstellung 2: Feiere ... alles!

Wurdest du auch darauf konditioniert, dich nur dann zu belohnen, wenn du artig funktioniert und Bestleistung abgeliefert hast?

Wer sagt das eigentlich, und wer legt fest, wann das rechte Soll erfüllt ist? Hier kommt die zweite verrückt anmutende Einstellung ins Spiel. Befreie dich aus den alten Belohnungs- und Bestrafungskreisläufen.

Dreh den Spieß um. Feiere einfach alles!

Feiere deine Erfolge, deine Niederlagen, deine Fehler, deine Stärken, deine Schwächen ... einfach alles.

Nimm dir nicht nur in der Krise, sondern auch in guten Zeiten mindestens einmal am Tag Zeit, dich und dein Leben zu feiern. Stell dich am Abend fünf Minuten vor den Spiegel und liste alles auf, was dir einfällt:

»Ich möchte feiern, dass ich das Bewerbungsgespräch verpatzt habe!«
»Ich möchte meine Verzweiflung feiern.«
»... meine unverwüstliche Zuversicht.«
»... meine Schulden.«

Auch hier werden deine Gefühle etwas Zeit brauchen, um hinterherzukommen. Zuerst werden sie skeptisch am Rand stehen und denken, du spinnst. Mach einfach weiter. Feiere dich! Schau dir im Spiegel in die Augen. Sieh diesen kleinen Menschen in diesem unendlich großen Universum. Nimm deine Verletzbarkeit wahr *und* deine Kraft, deine Lebensweisheit *und* dein Nichtwissen, deine Neurosen *und* deine Würde.

Die Vergangenheit ist vergangen. Die Zukunft noch nicht da. Alles, was du hast, ist dieser Augenblick. Wie willst du ihn nutzen? Du kannst dich

kritisieren, an dir herummäkeln, dich konsequent fertigmachen.
Doch wem nutzt du damit?
Oder du atmest tief ein, streckst dem Schicksal selbstbewusst die Brust entgegen und feierst dich! Halleluja!

> Erkenne, dass du, seit du geboren wurdest,
> jeden Tag dein Bestes gegeben hast.
> Mehr war einfach bis hierher nicht drin.
> Du bist ein Held, eine Heldin des Alltags.
> Hoch die Tassen!

Übung

Wie wäre es, wenn du jetzt das Buch für zwei Minuten aus der Hand legst und dich anerkennst?
Wenn du allein bist, mach es laut. Liste alles auf, was dir einfällt. Das, was du an dir magst, und das, was du (noch) ablehnst. Beginne mit »Ich feiere mich für ...« Mach so lange weiter, bis du eine irrationale, tiefe, zärtliche Liebe für dich selbst spürst. Eine gute Mutter liebt ihr Kind nicht nur, wenn es Einsen mit nach Hause bringt. Ihre Arme und ihr

Herz sind immer offen. Liebe dich wie die liebe-
vollste Mama der Welt.

Diese Übung lässt sich auch wunderbar zu zweit
durchführen, mit einem Menschen, dem du voll
vertraust. In diesem Fall sagt ihr euch gegenseitig,
was ihr an euch selbst, am anderen und an der
aktuellen Situation feiern wollt. Immer im Ping-
pong hin und her. Ein Satz du, dann der andere.

Meine Frau Andrea und ich haben uns im Wirbel
der letzten Monate oft auf diese Weise Kraft ge-
schenkt. Wir haben immer wieder einmal alles an-
gehalten und uns gesagt: »Auch wenn die Welt
gleich zusammenbricht, lass uns etwas Gutes essen
gehen!« Dabei haben wir uns dann in die Augen
geschaut und die Katastrophe regelrecht gefeiert.

TIPP

Es ist übrigens überaus inspirierend,
auch deine Zukunft zu feiern. Denn
egal, wie beschissen sich alles gerade anfühlt, es
wird eine Zeit geben, in der du milde lächelnd
vom Berg zurück in das Tal schauen wirst, das du
durchwandert hast.

Wenn dein Geist von Angst und Kummer getrübt ist, kann er nichts Neues erschaffen. Deine Zukunft wird eine Kopie früherer Geschehnisse sein. Brich aus diesem verhängnisvollen Kreislauf aus, indem du dir vorstellst, dass irgendwo da draußen bereits eine Realität existiert, in der sich alles zum Guten gewendet hat. Wie wird das sein? Wie wirst du dann sein? Male es dir aus. Dann feiere es – am besten laut. Beispielsweise mit Sätzen wie diesen:

»Ich danke dem Leben für den Moment, an dem ich wie ein Phönix aus der Asche auferstehe.«
»Ich danke dem Leben dafür, dass ich alle meine Schulden bezahlt habe und selbst in materieller Fülle lebe.«
»Ich danke dem Leben für die glückliche Meisterung der Krise und dafür, wie sich dadurch alles zum Guten gewendet hat. Meine Beziehungen sind erblüht. Ich bin gereift und viel gelassener …«

Diese Methode wirkt kraftvoller, wenn du die Sätze im Präsens formulierst. Also so, als wäre die Zukunft, die du dir ausmalst, bereits eingetreten.
Wende diese Technik täglich an. Am besten exakt in den beschissensten Momenten. Verunsichere deine Krise, indem du ihr nicht wie ein jammern-

der Feigling, sondern wie ein zu allem entschlossener, aufrechter, feiernder Held begegnest.

Du kennst jetzt die zwei Grundeinstellungen für
deinen Transformationsprozess. Lass uns nun zu
den sechs Phasen der Bewusstwerdung zurückkehren.

Phase 1: Abkotzen

Ist es nicht erstaunlich, wie viel Energie und Zeit
wir damit verschwenden, nicht vollständig bewusst
in dem anzukommen, was ohnehin bereits da ist?
Menschlich ist das verständlich, evolutionär betrachtet ist es dumm. Wir irritieren unseren hochintelligenten Geist, wenn wir so tun, als wären wir
woanders, als wir sind. Es wird erst weitergehen,
wenn wir die Scheiße, in der wir sitzen, radikal
ehrlich und vollständig anerkennen.
Das war und ist der Sinn einer Beichte. Sie regt
eines der mächtigsten Gesetze der Schöpfung an:

> Was sein darf,
> wandelt sich.

Tu dir selbst einen Gefallen. Versuch zu Beginn nicht, vernünftiger zu sein, als du bist. Weißt du, welcher Mist häufig am penetrantesten riecht? Es ist der, den wir im rosaroten Schränkchen des krampfhaft positiven Denkens einsperren. Auch wenn er von außen süß und nett aussieht, innen drin, in deinem Unterbewusstsein, stinkt es immer noch.

Lausch dir mal selbst ganz aufmerksam und ehrlich: Wie klingen deine inneren Monologe in der Krise, wenn du dich nicht zensierst? Vielleicht ja so ...

Ich check es einfach nicht.
Fuck, ich weiß nicht weiter.
Das kotzt mich so an.
Warum bestraft mich das Leben so?
Ich habe es schon wieder versaut.
Ich hasse mich.
Ich hasse die anderen.
Warum immer ich?

In der Phase des Abkotzens geht es darum, alles rauszulassen. Alles! Deine Trauer. Deine Wut. Deine Angst. Deine Vorwürfe an dich, an andere, an Gott, das Leben ... was auch immer. Werde es los. Ungefiltert. Bis der Druck nachlässt. Bis du dich leer und friedlich fühlst. Dich erwarten keine karmischen Minuspunkte, und du schaffst dadurch auch keine negativen Konsequenzen in deiner Zukunft. Im Gegenteil. Du säuberst deine schöpferische Pipeline.

Beichte. Zuallererst natürlich dir selbst gegenüber. Doch noch effektiver wirkt es in der Anwesenheit eines Zeugen.

Wähle dafür einen Menschen, der gut zuhören kann, der keine Angst vor der Dunkelheit hat und deine Offenheit nicht missbrauchen wird.

Zu diesem Zeitpunkt geht es nicht um Lösungen oder kluge Tipps, sondern einfach nur ums Ankommen.

Gestatte dir, alles zu denken.
Schreib es auf.
Sprich es aus.

Fragen für dich:
Was nervt dich?
Auf wen bist du sauer?

Worin bist du gescheitert?
Womit weißt du nicht mehr weiter?
Wofür schämst du dich?
Was denkst du darüber?
Was fühlst du dazu?
Wie handelst du?
Wie zeigt es sich ganz konkret in deiner äußeren Realität?

Lass alles hochkommen, lass es raus. Mach weiter, bis du dich friedlich fühlst.

Phase 2: Ohnmacht

Nichts fürchtet unser Ego mehr, als sich eingestehen zu müssen, dass es die Kontrolle verloren hat und allein nicht weiterkommt.
Doch gerade ein Anerkennen deiner Ohnmacht lädt das Universum ein, dir unter die Arme zu greifen.
Dies ist keine Aufforderung zum Herumjammern.
Bekenne würdevoll dein Scheitern und bitte aufrichtig um Hilfe.

Ich weiß nicht weiter.
Ich kann nicht mehr.

Ich brauche Hilfe.
Bitte, Leben, hilf mir.

Du kannst dies in einer stillen Stunde schriftlich formulieren oder es im Beisein eines vertrauten Menschen aussprechen. Ich gehe dafür gern in eine Kirche, auch wenn ich kein religiöser Mensch bin.

Kleine Warnung: Dies funktioniert nicht wie bei einem Deal. »Ey, ich habe jetzt um Hilfe gebeten. Also mach mal!« Wenn dein Bekenntnis aus dem Herzen kommt, ist alles, was danach kommt, die Antwort auf deinen Ruf.

Phase 3: Inventur

Nun ist es Zeit, den Misthaufen so detailliert wie möglich zu beschreiben.

Übung

Nimm dir Zettel und Stift und notiere Antworten auf folgende Fragen:

Was sind die exakten Umstände deiner Situation?
Welche Zahlen/Fakten kannst du auflisten?
Was sind die nervendsten Probleme?
Was sind deine drängendsten Bedürfnisse?
Worin siehst du im Augenblick die größten Gefahren?
Was denkst du zu alldem?
Was fühlst du?
Welche offenen Fragen bewegen dich?

Beim Aufzählen der verschiedenen faszinierenden Details deines Misthaufens magst du hin und wieder versucht sein, die Verantwortung jemand anderem zuzuschieben. Das ist neurobiologisch gut erklärbar. Dein Gehirn ist das Organ mit dem höchsten Energieverbrauch. Selbst im Ruhezustand verbrennt es ca. 25 Prozent deines Energie-Umsatzes. Deshalb spart es sehr gern Rechenleistung. Die Verantwortung für deinen Misthaufen bei jemand anderem zu sehen ist ein höchst eleganter Trick. Er verlagert das Problem an eine Baustelle, auf die du keinen Zugriff hast, und dein Gehirn kann sich entspannen.

Leider ändert das nichts. So bleibst du ewig hängen. Nimm lieber ein paar Kohlenhydrate mehr zu dir, richte deinen Body auf, atme tief frische Luft ein und fahr deine geistige Maschine hoch. Glaub mir, je eher du zu 100 Prozent Verantwortung für dein Schlamassel übernimmst, desto eher kommst du auch wieder raus.

Lass ab jetzt »Dies ist ganz allein *mein* Misthaufen« dein Mantra sein!

Kurze Zwischenbemerkung: Das mag auf den ersten Blick wie ein Widerspruch zu meinen Aussagen im Abschnitt »Die falsche Regel der Schuld« gelten. Natürlich ist dein Misthaufen auch immer eine vielschichtige Verquickung verschiedenster Lebensströme. Das zu denken mag tröstlich sein, doch es nutzt dir jetzt nichts. Der Haufen ist nun mal vor *deiner* Tür gelandet. Also ist es an *dir*, den maximalen Erkenntnisnutzen daraus zu gewinnen und ihn zu entsorgen. Mach dir um die anderen Beteiligten an dieser Stelle weniger Sorgen. Ihr Karma wird sich darum kümmern, dass sie ihre Lektion an anderer Stelle lernen.

Du brauchst während dieser Phase noch nicht nach einer Lösung zu suchen. Deine Aufgabe lautet: Schau dir den Ist-Zustand deines Misthaufens so genau wie möglich an. Dabei wirst du sehr wahrscheinlich eine erstaunliche Entdeckung machen. Allein die Inventur entspannt die Situation und setzt eine Entwicklungsdynamik in Richtung Lösung frei.

Phase 4: Inkubation

Jetzt sind wir an dem Punkt, an dem Bewegung in deine Krise kommt. Du solltest jetzt deinen Mist in Gärung versetzen, damit er dir später nutzen kann. Dafür benötigst du Bakterien und einen fein abgestimmten Wechsel aus Ruhe und Umschichtung.

Gute Fragen bringen die Verwandlung in Gang

Für den Misthaufen deiner persönlichen Krise sind gute Fragen die wirksamsten Bakterien. Sie bringen deinen Geist in Bewegung.
Hier sind einige meiner Lieblingsfragen:
Was schenkt mir jetzt so schnell wie möglich Kraft?
Was tut mir gut?
Wen kann ich um Hilfe bitten?

Wer sind die Freunde/Berater, auf die ich mich wirklich verlassen kann?

Was ist das Geschenk dieser Situation?

Wo will ich von hier aus hin?

Wie kann ich diese (scheinbar) verfahrene Situation zum Besseren wandeln?

Wenn ich meiner Intuition vertrauen würde, was würde ich dann jetzt tun?

Wenn ich keine Angst vor Fehlern hätte, was würde ich jetzt tun?

An was in dieser Situation werde ich in einem Jahr dankbar und lächelnd zurückdenken? Warum?

Was kann schlimmstenfalls passieren, und wie könnte ich selbst damit in Frieden leben?

TIPP

Bestimmt fallen dir noch weitere starke Fragen ein. Schreib sie dir am besten für den Notfall auf. Ich habe mir seit einigen Jahren angewöhnt, meine Vorbilder genau zu studieren und gegebenenfalls ihre besten Fragen in mein Repertoire zu übernehmen.

FUCKED UP

Dein Beraterteam

Ich lege dir ans Herz, dir besonders für diese Phase Hilfe zu holen und dir dein ideales Beraterteam zusammenzustellen. Schau jedoch genau hin:

Wen brauchst du jetzt wirklich?
Sind die Menschen, die dir einfallen, tatsächlich gute Berater – oder sind sie einfach nur nett oder aber gerissen?

Die folgende Fabel illustriert wunderbar, dass unsere vermeintlichen Freunde nicht immer unsere Freunde sind.

Auf einem Bauernhof lebte einmal eine kleine Maus. Bis jetzt war es ihr immer gelungen, sich erfolgreich vor der hungrigen Katze zu verstecken. Doch eines Tages war die ihr bereits dicht auf den Fersen. In Panik rannte das Mäuslein in den Kuhstall, doch es fand kein Versteck. Eine Kuh erkannte die Not des kleinen Tieres und ließ spontan einen Kuhfladen auf die Maus fallen. Weg war sie! Zwar stank es, aber immerhin war sie in Sicherheit. Die Katze war kurz davor, die Suche aufzugeben, da kam der Esel vorbei. Er sah den Schwanz der Maus aus dem Scheißhaufen herauslugen, dachte sich: »Der helfe ich jetzt mal!«, und

zog sie heraus. Das beobachtete die Katze, und so
war es leider um unser Mäuslein geschehen.

Die Moral von der Geschichte: Nicht jeder, der
dich ungefragt aus der Scheiße zieht, ist dein
Freund. Nicht jeder, der dich noch einmal herzlich
hineinstupst, ist dein Feind.

Hüte dich in deiner Krise vor ...
- »Freunden«, die leidenschaftlich gern mit dir
  zusammen jammern und im Mitleid versinken.
- Pessimisten, die dir eifrig erzählen, dass sie das
  schon immer geahnt hätten.
- ratschlaggeilen Hobbycoaches, die genau wissen, was du jetzt tun solltest.
- sündhaft teuren Beratern, die dir superschlaue
  Konzepte aufschwatzen und dann, kurz vor der
  eigentlichen Herausforderung, diese auch umzusetzen, verschwinden.
- Channeling-Experten, die dir verraten, welche
  Patentrezepte die Bewohner des Sirius für deine Krise parat haben.
- Menschen, die in derselben Scheiße stecken
  wie du und sich mittlerweile daran gewöhnt
  haben.

Wenn du dein Umfeld nach diesen Kriterien scannst, bleibt da noch jemand übrig? Nur Mut! Schau genau hin. Suche nach Menschen, die ...

... ruhig und liebevoll zuhören können,

... konstruktive, öffnende Fragen stellen können,

... mitfühlen, dir aber nicht deine Opfernummer abkaufen,

... keine Angst vor der dreckigen und dunklen Seite des Lebens haben,

... selbst schon geprüft wurden und wissen, wie man Scheiße in fruchtbaren Humus verwandelt,

... wissen, wann es Zeit ist, dich einfach auf ein Bier in eine Bar einzuladen oder dich mit schwarzem Humor zum Lachen verleiten.

Schreib ihre Namen auf. Ruf sie an. Bitte um Hilfe. Brich aus der verhängnisvollen Falle der Einzelanstrengung aus.

Wenn dir nicht genug Bekannte einfallen, brauchst du nicht zu verzagen. Ich habe festgestellt, dass gerade erfolgreiche, starke, weise Persönlichkeiten oft bereit sind, auch Menschen zu helfen, die sie kaum oder gar nicht kennen. Achte aber darauf, dass du dich ihnen nicht fordernd oder klagend näherst, sondern mit einer aufrechten und ehrlichen Bitte.

Such bereits in guten Zeiten nach diesen Freunden. Pflege die Beziehung zu ihnen. Zahl ordentlich mit Aufmerksamkeit und Freundlichkeit ein. Es klingt wie eine Binsenweisheit, und doch ist es so wahr: *Ein* guter Freund, *eine* Freundin in der Not ist das kostbarste Geschenk.

Deine Tafelrunde

Neben den Freunden und/oder Beratern in deinem Umfeld kannst du auf dein glorreiches inneres Beraterteam zugreifen. Kennst du die Legende von König Artus und seinen zwölf Rittern? Sie kamen im Schloss Camelot an einem runden Tisch zusammen – der sagenumwobenen Tafelrunde. Ich möchte dich ermutigen, deine eigene Tafelrunde einzuberufen. Wenn du ein eher rational veranlagter Mensch bist, mag dies seltsam klingen. Versuch es dennoch. Die Einsichten werden dich beeindrucken.

Übung

Nimm dir ein großes Blatt Papier und zeichne einen Kreis in die Mitte. Er steht für deinen runden Tisch der Weisheit. Nun frage dich, welche inneren Kräfte, aber auch äußeren Persönlichkeiten du in die Runde einladen möchtest.

Hier zur Anregung einige Vertreter meines ganz persönlichen inneren Beraterteams:

Mein magisches Kind: Das ist der Teil in mir, der nie aufgehört hat zu träumen. Er glaubt, dass alles möglich ist. Wenn ich ihn mit geschlossenen Augen rufe, erscheint er meist als Veit zwischen vier und sechs Jahren.

Mein Herz: die Kraft der bedingungslosen Liebe in mir.

Mein Krieger: Er erscheint oft in Rüstung, schlammverschmiert, stets bereit, mein Leben und meine Ideale zu verteidigen.

Mein weiser Lehrer: Er taucht abwechselnd als alte Frau oder Mann auf, aber immer gütig und gelassen lächelnd.

Mein freies Selbst: Das Sinnbild für mein höchstes Potenzial erscheint fast nie in einer konkreten Form, sondern als eine warm und ekstatisch strahlende Lichtquelle.

Mein Tod: Er ist einer meiner liebsten Berater. Manchmal steht auf seinem Platz nur eine Urne mit meiner Asche. Er hinterfragt, was angesichts meiner physischen Vergänglichkeit tatsächlich wesentlich ist.

Frag dich nun selbst, welche inneren Kräfte du an deiner Tafelrunde versammeln möchtest. Auf der Webseite www.fucked-up.zone kannst du dir eine von mir gesprochene geführte Meditation downloaden, die dich in eine Begegnung mit diesen archetypischen Kräften führt.

Zusätzlich kannst du jeden Menschen an deine Tafelrunde einladen, der dich inspiriert und dessen Expertise du schätzt. Es ist egal, ob er noch lebt und ob du ihm je begegnet bist. Bedeutsam ist, dass du eine intensive und positive Beziehung zu ihm fühlst.

Bei mir sitzen zum Beispiel – je nach Situation – Jesus Christus, Nelson Mandela, Richard Branson, meine Frau und – du wirst jetzt vielleicht lachen – Rocky (aus der Filmserie mit Sylvester Stallone) am Tisch. Manchmal, wenn ich mich zu ernst nehme, kommt Mickymaus vorbei und nimmt mich hops.

In jedem dieser Wesen erkenne ich bestimmte Qualitäten, von denen ich mir wünsche, dass sie in mir wirksam sind – nicht nur in einer Krise.

Platziere deine Berater um deinen Tisch herum. Schreibe ihre Namen auf. Du kannst ihre Weisheit anzapfen, indem du ihnen in der geführten Meditation begegnest (www.fucked-up.zone). Du kannst deine Berater jedoch auch spontan befragen. Schließe dazu deine Augen. Stell dir vor, wie der Mensch oder die Qualität vor dir auf einem Stuhl sitzt. Stell deine Frage. Dann wechsle mit deinem Bewusstsein auf die andere Seite. Schau aus den Augen dieses Wesens auf dich und antworte spontan. Wenn du allein bist, sprich die Antwort laut aus.

Manchmal führe ich das Gespräch mit meinen inneren Beratern auch schriftlich: Ich notiere meine Frage. Dann schaue ich auf meine Schreibhand und beauftrage sie, im Namen von ... die Antwort zu notieren. Anschließend lasse ich sie frei schreiben. Ich bin immer wieder verblüfft über die Einsichten! Probier es aus. Da wartet ein Schatz auf dich.

TIPP

Natürlich kann dich in dieser Phase auch ein erfahrener Coach oder ein seriöser Berater professionell unterstützen. Hilfreich sind hier Empfehlungen von guten Freunden. Doch egal, wie verzweifelt du dich fühlst, achte auf deinen Instinkt. Lass dich nur auf Menschen ein, die Erfahrungen mit solchen Situationen haben und bei denen du ein wirklich gutes Gefühl hast. Es gibt leider viele Schwätzer und Quacksalber da draußen. Ein kompetenter Prozessbegleiter wird dich ermutigen, die Antwort in dir zu finden und dir nichts überstülpen.

Ruhephasen sind wichtig

Wenn ein Misthaufen gärt, braucht er immer wieder auch Phasen der Ruhe.

Dasselbe gilt für Menschen, die in der Krise stecken. Glaub mir: Wenn es eine Zeit in deinem Leben gibt, in der Ruhe und Schlaf wichtig sind, dann *jetzt*.

Ich weiß, wie schwer es ist, sich mitten in der Katastrophe eine Auszeit zu gönnen. Die schwierige Situation zerrt an unseren Nerven. Wir fühlen uns unter Druck und gedrängt, aktiv zu werden. Unser Problem suggeriert uns, wir müssten ganz schnell wahnsinnig viele bedeutende Entscheidungen treffen, um den Karren aus dem Dreck zu ziehen. Also springen wir im Dreieck. Rein äußerlich betrachtet setzen wir einiges in Bewegung, doch unterm Strich wird es so häufig nur noch schlimmer. In unserem oftmals blinden Aktionismus machen wir Fehler. Wir überhitzen unser Gehirn, bis unser Verstand dichtmacht. Um uns zu schützen, fährt er seine Leistung radikal runter. Das ist verheerend. Unsere Kreativität und damit unsere Fähigkeit, neue Lösungen zu entwickeln, tendieren dann gegen Null. Außerdem brauchen wir unseren präfrontalen Cortex (den Bereich des Gehirns, der u. a. für das Bewerten und Planen von Handlungen verantwortlich ist) als regulierende Gegenkraft zu unserem limbischen System (es ist in unserem Gehirn der Sitz der Emotionen). Ist unser Verstand erschöpft, funktioniert der präfrontale Cortex nur noch bedingt. Wir sind dann unseren Emotionen ausgeliefert. Unser Verhalten wird zunehmend reaktiver.

Deshalb bitte ich dich:
Ruh dich aus.

Sieh zu, dass du sieben bis acht Stunden Schlaf bekommst. Lass dabei nach Möglichkeit die Finger
von Schlafmitteln. Oft hilft ein gemütlicher Spa-
ziergang vor der Nacht, um die Stresshormone abzubauen, ein kleines Bier (auch alkoholfrei) zum
Entspannen oder Baldriantropfen. Probiere aus, ob
dir ein kurzer Powernap im Laufe des Tages (20–40
Minuten) guttut.
Zum Ausruhen gehören auch ...

* leckeres, gesundes, regelmäßiges Essen,
* mindestens zwei Liter Wasser am Tag,
* Sauna, Massagen, entspannende Bäder,
* Spaziergänge,
* Zeiten des Nichtstuns,
* Meditation.

Dein Verstand wird dir sagen: »Ich habe jetzt keine
Zeit für solche banalen Dinge.« Doch glaub mir,
du wirst dadurch unterm Strich jede Menge
Energie und Zeit sparen. Dein Unterbewusstsein
braucht die Erholung, um im Hintergrund kreativ

für dich zu arbeiten und dir dann neue Lösungen zu präsentieren.

In meiner Krise war es in manchen besonders wahnwitzigen Momenten so, dass ich plötzlich aus dem Krampf aufwachte. Ich sah mein ganzes Drama wie auf einer Bühne von oben. Von ganz weit oben. Aus der Perspektive unseres 13,5 Milliarden Jahre alten Weltalls. Ich sah die Abermillionen Menschen, die wie kleine Ameisen auf der Erde herumwimmeln. Von dort oben fühlte sich die Bedeutsamkeit meines Kampfes da unten so lächerlich aufgeblasen an. Ich atmete tief durch und sagte mir: »Auch wenn alles zusammenbricht, ich gehe jetzt spazieren.« Dann verließ ich meine Theaterbühne für eine kurze Auszeit. Bis jetzt hat sich das Universum auch während und nach so einer Pause weitergedreht …

Ruh dich aus. Gerade jetzt.

Finde inmitten deiner Krise einen Ruhepol und spüre deine Würde als Mensch. Keine Krise der Welt darf dir das nehmen.

Umwälzung

Auch wenn es komisch klingt: Dein Geist muss genau wie ein Misthaufen regelmäßig umgegraben und gelüftet werden. Sonst fährt er sich fest. Du bekommst einen Tunnelblick, siehst nur noch das Schlechte, wiederholst dieselben destruktiven Gedankenspiele wieder und wieder. Du fühlst dich vielleicht wie ein verwundetes Tier in der Falle.

Aber das bist du nicht. Ja, dein Leben mag gerade in einigen Bereichen den Bach runterrauschen. Sicher Geglaubtes stürzt in sich zusammen. Doch *du* bist mehr als das. Du bist Geist. Freier Geist.

Lass nicht zu, dass Angst oder Schuld dein inneres Licht verdunkeln.

> Brich genau jetzt, während du glaubst festzusitzen, immer wieder aus deinem geistigen Gefängnis aus.

Am besten täglich. Keine Sorge, das kann auch ganz sanft geschehen.

Merk dir nur: **Beweg dich!**

Dein Körper und dein Geist bilden eine Einheit. Wenn du dich in deiner Krise komplett gehenlässt, auf dem Sofa zusammensackst, den Kopf nach vorn geneigt, die Schultern einziehst und nur noch flach atmest – dann rate mal, welche Richtung deine Gedanken in kürzester Zeit nehmen werden.

Wenn du nicht bewusst gegensteuerst, dominiert der Aspekt in dir, der einfach den Kopf in den Sand stecken oder vielleicht sogar sterben möchte. Der Misthaufen wird zum Hochhaus und du zu einem Zwerg, der hilflos davorsteht.

Am Tiefpunkt meiner Krise, von der ich zu Beginn berichtete, wollte ich morgens gar nicht mehr aufstehen. Ich tat mir selbst so leid. Ich wollte nicht mehr denken, nicht mehr nach Lösungen suchen. In mir baute sich ein dunkelgraues Gravitationsfeld auf, und die Versuchung, mich einfach von ihm schlucken zu lassen, war riesengroß.

Wenn du selbst bereits mit dieser dunklen Nacht der Seele Bekanntschaft gemacht hast, weißt du um ihre Anziehungskraft. Ich kenne mittlerweile viele Menschen, die diesen Abgrund kennenlernen mussten, und leider wird es ihnen durch die kollektive Verdrängung unserer Leistungsgesellschaft nicht einfach gemacht, dazu zu stehen. Wenn sich dieser Raum in uns öffnet, ist es essenziell, ihn zu akzeptieren und auch mutig zu erfahren. Doch wir dürfen den Zeitpunkt nicht verpassen, an dem es wichtig ist, uns sanft zu bewegen – egal, was wir gerade fühlen.

Sonst frisst diese dunkle Wolke alles Licht.

In der Zeit meiner Krise hat es mir geholfen zu wissen, dass ich gebraucht werde. Dass ich meiner Frau, meiner Tochter, unseren Mitarbeitern und Klienten fehle, wenn ich mich komplett hängenlasse. Also habe ich Körper und Geist sachte wieder in Bewegung gesetzt. Dies kannst du auf vier Ebenen tun. Jede einzelne wird auch die anderen drei positiv beeinflussen, da sie untrennbar miteinander verbunden sind. Am besten testest du, was dir am leichtesten fällt.

Ebene 1: Körperlich in Bewegung kommen.
Auch wenn du dich schwach fühlst, lauf eine Runde um den Block. Schau in den Himmel. Berühre einen Baum. Mach Yoga, stemme Gewichte oder tanze.
Ich habe in meiner Krise begonnen, jeden Morgen als Allererstes frei und mit geschlossenen Augen 20 Minuten nach meiner Lieblingsmusik zu tanzen. Am Anfang stand ich einfach da und weinte. Ich hatte keine Kraft, mich intensiv zu bewegen. Aber jeden Tag kam die Freude ein kleines bisschen mehr zum Vorschein. Peu à peu tanzte ich alle meine Gefühle aus mir heraus – Wut, Angst, Ohnmacht ... Häufig fühlte sich der morgendliche Tanz wie ein wachrüttelndes Gebet an:

> Guten Morgen, Leben. So geht es mir heute.
> Bitte nimm mich. Führe mich. Zeig
> mir den nächsten Schritt.

Ich habe das Ritual beibehalten, und jetzt, wo es mir wieder besser geht, sprudeln dabei oft innovative Ideen aus mir heraus. Wenn der Körper tanzt, tanzt auch der Geist.

Probiere es aus. Welche Musik könnte dich dabei unterstützen, deine Gedanken aus ihren alten Fesseln zu befreien?

Ebene 2: Tief und sanft atmen.
Blöderweise tendieren wir im Stress dazu, noch flacher als sonst zu atmen. Doch gerade jetzt brauchst du Sauerstoff und Lebensenergie. Also Fenster auf oder ab in einen Park mit dir, und dann tief durchgeatmet. Hol dir deinen täglichen Energiekick. Tag für Tag! Auf www.fucked-up.zone findest du unter »Weiterführende Tipps« eine Atemmeditation (Quantum Light Breath), die ich gern verwende, um mein System kraftvoll durchzupusten.

Ebene 3: Blockierte Emotionen freisetzen.

Wenn du dich freier bewegst und tiefer atmest, kommen auch deine feststeckenden Gefühle in Fluss. Das ist so essenziell!

Welche Methoden kennst du, mal so richtig die Sau rauszulassen? Natürlich ist ein geschützter Rahmen dabei wichtig. Schlag in ein Kissen oder leg dir einen Boxsack zu. Geh in den Wald und schrei alles raus.

Weine in den Armen vertrauter Menschen.

Wut solltest du besser mit dir alleine klären.

Vor 20 Jahren, in einer besonders herausfordernden Zeit, verwandelte ich eines unserer kleineren Zimmer mit Matratzen in eine schalldichte »Gummizelle«. Mehrere Monate hintereinander reinigte und weitete ich hier mit der »Dynamischen Meditation« von Osho meinen Emotionalkörper (siehe auch dazu die Tipps auf www.fucked-up.zone). Meine Frau war begeistert. War ich doch danach den ganzen Tag wundervoll entspannt und friedvoll.

Bleib in deiner Krise auf gar keinen Fall auf deinen Gefühlen sitzen. Sie müssen raus! Sonst fressen sie dich von innen auf und verpesten obendrein noch deine Umgebung. Stell dir dich wie eine schöpferische Pipeline des Lebens vor. Unter Stress tendieren wir dazu, den Hahn zuzudrehen. Doch dieselbe Kraft, die deine Emotionen unterdrückt, schneidet dich auch von deiner Kreativität und Intuition ab. Öffne den Hahn. Lass die Tränen fließen, die Wut brennen, die Angst zittern, und du wirst erfreut feststellen, dass nach so einer kathartischen Reinigung häufig die besten Einsichten in dir hochploppen.

Ebene 4: Den Geist in Bewegung bringen.
Wie kannst du deinen festgefahrenen Geist in Bewegung setzen? Am einfachsten mit frischen, inspirierenden Impulsen in Form von Büchern, Gesprächen, Filmen. Besonders in Zeiten einer Krise sollten wir uns nur geistige Nahrung reinziehen, die folgende Kriterien erfüllt:

1. Sie sollte *einladen*, also nicht fordernd, puschend sein.
2. Sie sollte *inspirieren*, indem sie positive Lösungsbeispiele und Vorbilder bietet.
3. Sie sollte *ermutigend* auf dich wirken.

Du findest auf www.fucked-up.zone eine Übersicht meiner Lieblingsfilme, die mir Kraft in herausfordernden Zeiten schenken. Ich gebe es gern zu: Manchmal, wenn ich so richtig down bin, schaue ich mir sogar mal einen bunten, kitschigen und rundherum positiven Trickfilm aus dem Hause Disney an. Die Bilder entspannen mein Gehirn und nähren das Kind in mir.

TiPP

Auch wenn dir eventuell nicht danach ist – Schreiben wirkt heilsam. Deshalb rate ich dir, dir ein Tagebuch zuzulegen. Setz dich gleich am Morgen hin und schreib spontan drauflos, bis sich dein Kopf frei anfühlt. Vielleicht fließt dir zu Beginn nur ein »Alles ist Scheiße. Alles ist schlecht …« aus der Feder. Lass deine Hand weiterschreiben … irgendwann kommen plötzlich die schlauen Gedanken. Lies deinen Text am Schluss noch einmal durch und unterstreiche die Einsichten, die dich weiterbringen. Wenn du die harten Zeiten irgendwann hinter dir hast, hältst du ein wertvolles Manifest deiner persönlichen Reifung in der Hand. Vielleicht wird ja sogar ein Buch daraus.

Hier noch ein paar Tipps, die deinem Geist sicher guttun:

- Ausflüge in die Natur, am besten für mehr als einen Tag, um richtig runterzukommen.
- Kreatives, freies Malen.
- Trance Tanz ist wahrscheinlich das älteste Ritual der Menschheit, um das Bewusstsein zu erweitern. In unseren Seminaren bieten wir Trance Tanz in einer modernen Form an.

Meditation & Stille

Du bist ein Glückspilz, wenn du in guten Zeiten deinen Geist in Meditation geschult hast. Denn nichts hilft mehr, die inneren Wogen zu glätten und die Wahrheit von der Illusion zu unterscheiden. Allerdings bin ich vorsichtig damit, Anfängern zum Einstieg in die Meditation während einer Krise zu raten. Es besteht die Gefahr, dass dich die zunächst wahrscheinlich verstärkt wahrgenommene innere Unruhe noch mehr verunsichert. Wenn es dir allerdings möglich ist, dich für eine Woche oder länger in ein Kloster oder ein professionell begleitetes Meditationsretreat zu begeben, wäre das sicher sehr hilfreich.

Phase 5: Korrektur

Um mich herum beobachte ich viele tapfere Menschen, die bereit sind, geduldig eine Menge Mist zu durchwaten. Immer wieder. Oft bewundern wir diese Fähigkeit. Doch besteht die Kunst nicht eigentlich darin, aus der aktuellen Krise so viel zu lernen, dass das Leben uns die Lektion nicht noch einmal in abgewandelter Form präsentieren muss?

Die Phase der Korrektur trennt in meiner Beobachtung die Lebensmeister von den Amateuren. Durch sie verwandeln wir den Mist der Vergangenheit in fruchtbare Erde für eine bessere Ernte in der Zukunft.

Die Korrekturphase einzuleiten macht üblicherweise erst dann Sinn, wenn sich der Sturm etwas gelegt hat, dein Geist zur Ruhe und dein Körper zu Kräften gekommen ist.

Auch wenn du nach überstandener Krise glaubst, wahrhaftig genug durchgemacht zu haben – du lässt einen Schatz liegen, wenn du nun einfach munter ins nächste Abenteuer eilst.

Gönne dir Zeit zur Rekapitulation.

Analysiere, was geschehen ist.

Schau noch einmal zurück und benenne ehrlich und nüchtern, wie du zu dem Schlamassel beigetragen hast.

Fasse deine bedeutsamsten Erkenntnisse zusammen.

Formuliere genau und konkret, was du ab jetzt besser machen willst.

Auch hier empfiehlt sich ein Gespräch mit einer aufmerksamen Freundin oder einem guten Coach.

Fragen für dich:

An welchen Stellen hast du gepennt?

Wo hast du deinen Instinkt übergangen?

Wo hast du deine Werte verraten?

Was hast du getan, das dich auf Dauer geschwächt hat?

Was hast du ausgelassen, das dich hätte stärken können?

Was würdest du heute anders entscheiden / machen?

Was sind deine wichtigsten Erkenntnisse?

Was sind deine wertvollsten Geschenke?

Was hast du dazugelernt?

Welche neuen Kompetenzen sind herangereift?

Wie kannst du sicherstellen, dass du nicht noch einmal in dieselbe Grube fällst?

TIPP

Auch wenn du eventuell einen Widerstand verspüren magst – es ist heil-
sam, dass du dir auch die Frage stellst, welchen
Schaden du in der Krise eventuell anderen
Menschen zugefügt hast. Solche Schäden können
materieller, emotionaler oder geistiger Natur sein.
Bitte liste alle Personen, die dir dazu einfallen,
namentlich auf und überlege dir, wie du dein
Karma wiedergutmachen kannst und wirst.

TIPP

Überleg dir, wie du von Zeit zu Zeit
überprüfen kannst, dass du deine
neuen Erkenntnisse auch tatsächlich umsetzt,
statt wieder in alte Denk- und Verhaltensgewohnheiten zurückzufallen. Eine Möglichkeit besteht
darin, einen vertrauten Menschen als Zeugen für
dein verändertes Leben zu nehmen.

Phase 6: Neubeginn

Halleluja! Du hast deine Krise jetzt wirklich überstanden.

Du hast abgekotzt.
Du bist ohnmächtig auf die Knie gesunken.
Du hast geweint, gewütet, gelauscht.
Du hast dich einer mutigen Inventur gestellt.
Du hast deinen Geist erweitert und neu entzündet.
Dein altes Ich ist im Feuer der Krise verbrannt.
Nun ist es Zeit, dich wie ein Phönix aus der Asche zu erheben.

»Phönix« bedeutet im Altgriechischen so viel wie »der Wiedergeborene«. In der Sage ist der Phönix ein Vogel, der am Ende seines Lebenszyklus verbrennt, um dann aus seiner Asche wieder neu aufzuerstehen.

Genieße den Aufbruch und bleibe wachsam. Vergiss nicht die Entwicklungsstationen des Chaos und die Falle des euphorischen Fehlstarts. Achte auf eine gute Bodenhaftung und erhebe dich sanft. Es ist Zeit, den letzten alten Ballast loszulassen und dich wieder auf das Licht auszurichten.

In Krisenzeiten machen wir oft Fehler. Dinge, die uns selbst oder unseren Mitmenschen nicht guttun. Beispielsweise verbeißen wir uns im Groll auf andere, weil wir uns von ihnen im Stich gelassen fühlen. Ich habe betroffen beobachtet, wie mich die vielen menschlichen Enttäuschungen immer misstrauischer werden ließen. Zwischendrin gab es eine Phase, in dem ich wirklich jedem, der mir helfen wollte, mit Zynismus und Skepsis begegnete. Irgendwann musste ich mir richtig einen Ruck geben, das Alte bewusst abschließen und beginnen, mich wieder neu und positiv auszurichten.

Krisenzeiten weichen auch den Panzer unseres Rechthaben-Wollens auf. Kannst du jetzt, wo es überstanden ist, ehrlich annehmen, was du selbst für Bockmist verzapft hast? Kannst du dir vergeben?

Du weißt nicht, wie das geht? Das musst du nicht. Es beginnt immer damit, dass du es willst.

Sich selbst und anderen zu vergeben ist keine einmalige Handlung, sondern ein Lebensstil. Als Menschen sind wir nun mal fehlbar. Wir wissen nicht alles. Wir sind manchmal nicht achtsam. Wir verpassen Chancen. Wir rennen gegen Mauern. Wir verletzen andere.

Übung

Wenn ich am Abend nach innen lausche und mich frage: »Gibt es heute etwas zu vergeben?«, steigt zuerst häufig ein Nein auf. Doch wenn ich mir Zeit nehme, tauchen immer etliche kleine und große Anlässe zum Vergeben auf:

- Ich habe heute den Abschied von meiner Liebsten nicht bewusst erfahren, weil mein Kopf bereits im Computer hing. Wäre dies unsere letzte Begegnung gewesen, würde ich es bereuen.
- Ich habe meine Yogaübungen hart und ungeduldig runtergespult.
- Ich hätte mein kritisches Feedback an Mitarbeiter X freundlicher und konstruktiver formulieren können.
- Ich habe mehrere Stunden meines so kostbaren Tages gar nicht richtig erlebt, weil ich sie einfach nur bekloppt abgearbeitet habe.

Welche Versäumnisse und Fehler bei dir selbst oder anderen fallen dir ein? Vergib sie dir bzw. den anderen:

- »Ich vergebe *mir*, dass ich ...«
- »Ich vergebe ..., dass er/sie ...«

Vielleicht musst du es ein Dutzend Mal, vielleicht sogar hundertmal leise und laut aussprechen, bevor dein Verstand den giftigen Groll loslassen kann. Aber glaub mir: Es lohnt sich, auf diese Weise Vergebung zu üben. Denn dein Neubeginn wird umso leichter und kraftvoller sein.

Eine Neuausrichtung sollte nicht zu früh stattfinden. Aber wenn dein Herz wieder Lust auf das nächste Abenteuer verspürt, gestatte dir, frech zu träumen und dir eine Vision deines neuen Lebensabschnittes auszumalen.

TIPP

Als Mutmacher für einen radikalen und erfolgreichen Neustart empfehle ich dir mein Buch *SeelenGevögelt* und als detaillierte und praktische Anleitung zur Umsetzung *Werde verrückt. Wie du bekommst, was du wirklich-wirklich willst.*

> Gib deine neu gewonnene Weisheit
> großzügig weiter.

Ich kann nicht beweisen, ob Karma genauso wirkt, wie es die Buddhisten lehren. Doch eines weiß ich sicher: Es macht Sinn, deinen Reichtum mit der Welt zu teilen. Wenn du dich nach einer Krise wie neugeboren erhebst, vergiss nicht diejenigen, die noch in der Scheiße stecken. Du weißt schließlich, wie sich das anfühlt. Vielleicht stand dir auch schon einmal ein Engel in Menschengestalt zur Seite. Jetzt kannst du einer für die anderen sein.

TIPP

Wenn dir dieses Büchlein gutgetan hat, verschenke es weiter. Du kannst es beispielsweise auf einer Parkbank liegenlassen und darauf vertrauen, dass es so in die richtigen Hände gelangt.

Bleib demütig, auch wenn du dich der Sonne entgegenstreckst.
Hab ein freundliches Wort für diejenigen, die noch mitten in ihrer Krise stecken.

Verkneife dir Hohn und Überheblichkeit. Damit schreist du förmlich nach der nächsten Portion Mist für dich. Teile dein Mitgefühl, deine frischgewonnene Erfahrung und Zuversicht mit denen, die darum bitten.

Auf diese Weise können deine Erfahrungen im Leben anderer Menschen einen echten Unterschied bewirken – und erst dann offenbart sich dir, dass so ein Misthaufen in Wahrheit immer ein Schatz ist.

> Erst im Geben erkennen wir,
> wie reich wir sind.

DAS KOMPOST-MANIFEST

1. Das Leben hat immer Recht.
2. Nein, dies ist nicht das Ende. Es ist der Beginn. Es geht immer weiter. Egal, wie beschissen dir gerade alles erscheint.
3. Fluchen ist gesund. Lass es raus.
4. Es macht keinen Sinn, gegen etwas zu kämpfen, das bereits da ist. Kampf erzeugt Widerstand und verlängert dein Leid.
5. Nicht der Misthaufen ist das Problem, sondern die Bedeutung, die du ihm gibst.
6. Alles, was du anfassen, fühlen und denken kannst, wird auch wieder gehen. *Du* bist das, was bleibt.
7. Du rast auf einem winzigen Planeten durch ein Universum, welches sich mit 70 Kilometern pro Sekunde ausdehnt. Deine Lebensspanne ist für dieses All nur ein Wimpernschlag. Dein Körper besteht aus vier Milliarden Jahren altem Sternenstaub. In einigen Jahren wird er Würmern als Futter dienen. Also nimm dich nicht zu wichtig.
8. Chaos ist in Wahrheit eine höhere Ordnung, die du im Augenblick noch nicht verstehst.

9. Perfektion ist ein Mythos. Wenn du ihn loslässt, erkennst du die natürliche Vollkommenheit von allem.

10. Wenn dir nicht nach grinsen ist, grinse nicht. Deine wahren Freunde fürchten deine dunkle Seite nicht. Sie bleiben mit dir im Feuer stehen. Und die anderen? Gut, wenn sie gehen! Zeit gespart.

11. Deine Fehler rufen, wenn du sie bewusst erfährst, deine nächstfreiere Version in dein Leben.

12. Wenn ein Misthaufen vor deiner Tür landet, ist es deiner, egal, wie gern du andere dafür verantwortlich machen würdest. Kümmere dich um deine Lektion. Die anderen sind nicht deine Baustelle.

13. Finde den Sinn, und alles verwandelt sich in Gold.

14. Genieß das Problem, das du jetzt hast. Wenn es geht, wirst du es gegen ein neues, komplexeres eintauschen. Kein Ende in Sicht.

15. Das meiste, was unsere Gesellschaft als Erfolg ansieht, wird in den letzten 20 Minuten deines Lebens komplett irrelevant sein. Sei smart. Konzentrier dich auf das Wesentliche.

16. Wenn du Ja zu dem sagst, was geschieht, verändert sich das gesamte Spiel.

17. Es gibt eine gute Schuld, wenn du deine eigenen Werte verletzt. Wenn du sie ausgleichst, wird deine Kraft wachsen. Es gibt eine falsche Schuld, mit der dich andere von klein auf manipulierten. Es ist legitim und weise, ihr ein kräftiges »Fuck you« entgegenzurufen.

18. Damit du dich nicht in der scheinbaren Komplexität deiner Realität verirrst, hat dir die Schöpfung zwei wirkungsvolle Anker mit auf den Weg gegeben: deinen Körper und deinen Atem. Wenn du deine Füße spürst und bewusst ein- und ausatmest, bist du *hier*, in der Gegenwart. Die Macht deiner Vergangenheit und Zukunft reichen nicht hierher. Um zu grollen oder dich zu sorgen, musst du die Gegenwart verlassen. Also komm so oft wie möglich hierher.

19. Das mächtigste Antidot gegen die verbissene Ernsthaftigkeit deines Egos ist deine Fähigkeit, über dich selbst zu lachen.

20. Lass in Ruhe, was dir heute noch wie ein Widerspruch erscheint. Geh einfach weiter und wachse – morgen macht es Sinn.

21. Du vergiftest mit deinem Groll lediglich dein Herz und kettest dich an die Vergangenheit. Vergib dir und anderen. Mehr war bis hierher einfach nicht drin.

22. Wenn du erschöpft bist, ruh dich aus.

23. Selbstliebe ist nicht, dir auf die Schulter zu klopfen, wenn du gut funktionierst. Das ist keine Kunst. Wenn alles am Arsch ist, die anderen dich verlassen, du nicht weiterweißt und dich dennoch zärtlich und liebevoll von innen bewohnst, dann hast du es geschafft.

24. Wenn du wissen willst, wie schön du bist, fang an, alle Aspekte an dir zu feiern. Auch die, die dein innerer Kritiker im Augenblick noch ablehnt. Dann wirst du staunen ...

25. Dieselbe Kraft, die deine Gefühle unterdrückt, bremst auch deine Kreativität. Lass es raus!

26. Wenn du laufen, sprechen, lesen gelernt hast, kannst du für alles eine Lösung finden. Du bist ein Titan der Evolution. Also steh auf und erinnere dich. Lass dein aberwitzig begrenztes Urteil über »möglich« und »unmöglich« fallen und greife es nie wieder auf. Du weißt einfach nicht genug, um dir den Luxus des Pessimismus leisten zu können. Es ist im-

mer, wirklich immer viel mehr möglich, als du denkst.

27. Wenn gar nichts mehr geht, stell dich unter die Dusche und stimme ein Lied an. Lass das ganze Universum deinen kühnen Schlachtruf hören.

28. Niemand kann dir deine Würde nehmen, außer du selbst. Und auch das nur im Traum. Sobald du erwachst, erkennst du, dass das, was du wirklich bist, niemals verletzt werden konnte.

29. Das Universum funktioniert.

30. Es ist gut.

EPILOG

Es gibt etwas in dir — nennen wir es den Urkern deines Seins —, das von keiner Krise in seiner Würde verletzt werden kann.

Wenn du mitten in einer Schlacht,
die du auf weltlicher Ebene gerade verlierst,
stehen bleibst und ganz, ganz still wirst,
findest du *dich*.

Das,
was immer frei war
und immer frei sein wird.

In der Hoffnung, dass dieses kleine Buch *dich* daran erinnert hat.

Wach auf.

VEIT LINDAU

© Katharina Kraus

Veit Lindau (geb. 1969) wirkt als Trainer, Speaker und Autor. Er gilt im deutschsprachigen Raum als Experte für eine integrale Selbstverwirklichung des Menschen. Sein gegenwärtiges größtes Projekt ist der Ausbau des humantrust, einer integralen Coaching- und Vernetzungsplattform mit zehntausend Mitgliedern. Seine Bücher, einige Bestseller, sind provokante, liebevolle Weckrufe. Energisch und augenzwinkernd ruft er dazu auf, im täglichen Leben konkret umzusetzen, was wir alle im Innern bereits wissen.

Mehr zu Veit: www.veitlindau.com
Auf Facebook: www.facebook.com/veitlindau

VICTORY & PEACE

Für alle Leser*innen dieses Buches, die Lust haben, mit Veit Lindau den nächsten Schritt zu gehen!
VICTORY & PEACE ist ein (r)evolutionäres Programm für die Entfaltung deines Potenzials.
Das Ende der Anstrengung bei der Erreichung deiner Ziele.
Entwickle dein Leben nicht mehr aus der Vergangenheit, sondern aus deiner bestmöglichen Zukunft heraus.
Keine Fantasterei, sondern basierend auf den neuesten Erkenntnissen der Neurobiologie, der Psychologie und der Physik.
Alle Informationen bekommst du hier:
www.victory-and-peace.com